여자에 관하여

On Women

Copyright © 2023, The Estate of Susan Sontag
All rights reserved.

This edition is a translation authorized by The Wylie Agency.
Korean translation copyright © 2025 by Will Books Publishing Co.

이 책의 한국어판 저작권은 The Wylie Agency와 독점계약한 ㈜윌북에 있습니다.
저작권법에 의해 한국 내에서 보호를 받는 저작물이므로
무단 전재와 무단 복제를 금합니다.

여자에 관하여

수전 손택

Susan Sontag

김하현 옮김

On Women

월북

여는 글

진리의 단순함과 투쟁하는 페미니스트, 수전 손택

정희진(서평가, 『다시 페미니즘의 도전』 저자)

"나는 결코 나를 해방된 여성으로 평가하지 않는다.
당연하게도, 현실은 그렇게 단순하지 않다.
그러나 나는 언제나 페미니스트였다."

「여성이라는 제3세계」

"나는 페미니스트 지식인들이 동료 여성들에게 변절자라고 비난받을 위험 없이 여성혐오와의 전쟁에서 나름의 방식으로 제 역할을 하고 자기 작품에 페미니즘적 함의를 남기거나 내포하는 모습을 보고 싶습니다.
나는 정치적 노선을 좋아하지 않아요. 지적 단조로움과 나쁜 글을 낳거든요."

「《샐머건디》와의 인터뷰」

여성과 여성주의자들은 한나 아렌트, 로자 룩셈부르크, 수전 손택 같은 남성 사회에서 인정받은 여성들이 페미니스트이길 원한다. 아렌트는 논쟁적이고, 룩셈부르크는 페미니스트는 아니었다. 그러나 '우리에게는' 수전 손택이 있다. 『여자에 관하여』는 신랄하면서도 깊이 있는 페미니스트, 손택의 덜 알려진 도전적인 저서이다.

이 책에 따르면, 1972년 손택은 일기에서 '여성'이 자신이 평생을 따라다닌 세 가지 주제 중 하나라고 말했다(나머지 둘은 '중국', '괴짜'다). 손택의 글 중심에 여성주의가 자리하게 된 것은 1960년대 말부터 1970년대에 이르는 미국의 시민권 운동과 래디컬 페미니즘radical feminism, 손택의 지성이 상호 작용한 결과다. '래디컬'에는 "인식의 뿌리를 깨다, 뿌리 뽑다"라는 발본적拔本的 뜻이 있는데, 이는 손택의 지적 성향과 맞았다. 그는 모든 것을 알고 싶어 했으며 많은 것을 알았다.

페미니즘은 그 어느 사상보다 독특하다. 페미니즘은 맥락의 사유다. 규범적이고 원칙적인 사고방식에 도전하는 역사적, 문화적, 정치적 산물로서 변화무쌍한 인식론이다. 그래서 페미니즘은 언제나 복수형 'feminism/s'이며 시대와 공간에 따라 내용이 다르다. 그러나 한편 (특히 근대 자본주의 사회에서) 젠더 권력 관계는 몰역사적沒歷史的이라는 생각이 들 정도로 시공간을 초월해 모든 사회의 성차별은 비슷한 양상을 띤다. 공사 영역의 성별화gendered와 사적 영역에 대한 공적 영역의 지배가 그렇다.

중산층 기반이라는 모든 지식의 공통된 한계를 갖고 있지만, 1970년대 미국 사회에서 쓰인 손택의 『여자에 관하여』는 지금의 한국 사회와 너무나 잘 들어맞는다. 이 책은 '페미니스트 수전 손택'을 압축한다. 손택 특유의 지적이고 정확한 글쓰기는 페미니즘 사유와 맞물려 정교한 조각彫刻, 명문銘文이 되었다.

페미니즘만큼 운동('실천')과 지식('이론')이 모두 필요한 사유도 드물다. 그런데 가부장제 사회에서 운동과 지식, 실천과 이론에는 어쩔 수 없는 위계가 있다. 마르크스주의도 그렇다. 마르크스주의는 아예 인종과 젠더, 지역 모순을 배제함으로써 정치적 운동으로서도 이론적으로도 '실패했다'.

그런 점에서 굳이 그러나 어쩔 수 없이 구분하자면, 이 책은 강조점에 따라 전반부와 후반부로 나뉜다. 이 사회가 여성을 예속하는 '아름다움'과 나이 듦의 이중 잣대에 관한 글(「나이 듦에 관한 이중 잣대」), 그리고 여성을 '제3세계'에 비유한 전반부(「여성이라는 제3세계」)가 '쉽게 읽히는' 페미니즘 교과서에 해당한다면, (철저히 나치 선전용 영화이지만 영화사에 남을 걸작으로 손꼽히는 〈의지의 승리〉, 〈올림피아〉 등을 만든) 여성 영화감독 레니 리펜슈탈을 중심으로 한 파시즘과 미학을 다룬 후반부(「매혹적인 파시즘」과 그에 이어지는 서신과 인터뷰)는 서구 문화에 익숙하지 않은 독자들에겐 다소 복잡하게 느껴질 수 있다. 그러나 우리의 문제 역시 복잡하지 않은가. 세계 1위의 성별 임금 격차, 비대한 성 산업과 다양하고 비가시화된 여성에 대한 폭력에도 불구하고 여성(주의)에 반발하는 남성 문화…. 가부장제 사회에서 해방에 필요한 것은 남성 지식인이 쌓아놓은 성채를 넘어서고 무너뜨릴 만한 대안적이고 '어려운' 지식이며, 동시에 그것은 '키보드 워리어'의 언어만큼이나 빠르고 명료해야 한다. 내 요지는 손택의 글은 복잡한 현실을 복합적으로 사유하는 지성과 여성의 현실에 대한 명쾌한 인식, 이 두 가지 요소를 모두 갖추었다는 것이다.

이 책에서 가장 흥미진진한 에세이인 동시에 책 전체를 아우르는 글은 에이드리언 리치와 손택의 논쟁을 담은 「페미니즘과 파시즘」일 것이다. 치열하고 지적인 시인이자 페미니즘 운동가였던 리치는 손택이 《뉴욕 리뷰 오브 북스》에 발표한 「매혹적인 파시즘」을 읽고 비판적인 서신을 보낸다. 그리고 리치의 편지에 응수하여 손택도 답장을 보냈는데, 두 사람이 주고받은 논쟁의 전문이 바로 「페미니즘과 파시즘」이다. 이 글에 대해 말한다면, 나는 손택의 입장에 가깝다(이 역시 맥락적인데, 리치가 자유주의 페미니스트와 논쟁을 벌일 때 나는 리치를 지지할 것이다). 파시즘에 복무한 여성을 페미니스트는 어떻게 판단해야 할 것인가. '비판은 간단하다'. 그러나 미학은 간단하지 않다. 젠더와 미학은 '적대적'일 수밖에 없는가. 이 글들에서 손택은 젠더화된 미학, 미학의 젠더를 탁월하게 분석한다.

독자들은 이 글을 읽으며 미학과 젠더에 대해 근본적으로 생각해보게 될것이다. 그만큼 레니 리펜슈탈에 대한 손택의 입장은 우리에게 중요하고 복잡한 논쟁거리를 제공한다. 정치적 올바름과 미학적 성취의 관계는 오래된 논쟁이다. 최근 출간된 예술의 성취와 예술가의 인간성, 가치관에 대한 논쟁을 담은 클레어 데더러의 저서 『괴물들: 숭배와 혐오, 우리 모두의 딜레마』를 생각한다. 레니 리펜슈탈은 로만 폴란스키의 전조였는가? (아니면, 푸코 식으로 말해서 예술 역시 진정성과 위선, 정치적 올바름의 문제가 아니라 수용자에 따른 담론의 효과라고 생각한다면 우리는 보다 '편안'해질지 모른다).

손택은 주장한다. "좌파와 우파의 선전 예술을 다룰 때는 종종 이중 잣대가 적용된다". 영화 〈전함 포템킨〉(1925)을 보고 감동한 나의 '미학적 감수성'은 바로 손택이 지적한 이중 잣대였다.

어떤 사람에겐 페미니즘이 너무 어렵고, 어떤 사람의 어느 순간에 페미니즘은 너무나 명쾌하다. 남성의 경우 페미니즘이 어렵다면 대개는 경험과 인식의 문제이고, 여성에게는 실천과 자기 분열의 문제이다. 페미니스트 수전 손택은 이 두 가지 문제로부터 '해방'된 듯 보인다. 지식인으로서는 페미니즘에 대한 이해가, 여성 당사자로서는 자기 위치성에 대한 투철한 성찰이 가능했기 때문이다.

레닌의 요란한 강조대로 우리는 지배 이데올로기에서 절대 자유롭지 않다. 그렇다고 해서 남성 혁명가가 말하는 '전위'가 필요한 것은 아니다. 당면한 성차별과 가부장제의 무의식을 드러낼 수 있는 여성들의 지혜, 경험, 지적 전통을 잇는 페미니스트가 필요하다. 세상의 모든 지식을 아우르지 않는 페미니즘은 오래가지 못한다는 의미에서, 손택은 '모범적인 페미니스트'다.

일러두기

* 인명과 고유명사는 국립국어원 외래어 표기법을 기준으로 하되, 일부 인명은 관용적으로 널리 쓰이는 표현을 따랐다.
* 원서에서 이탤릭체로 강조한 부분은 굵은 서체로 표기했다.
* 본문에서 ♦로 표시된 각주는 원서의 것이며, ✢로 표시된 것은 한국어판 편집자의 것이다.

차례

여는 글   4

나이 듦에 관한 이중 잣대   13
여성이라는 제3세계   53
여성의 아름다움: 모욕인가, 권력의 원천인가?   103
아름다움: 다음엔 무엇으로 바뀔 것인가?   111
매혹적인 파시즘   125
페미니즘과 파시즘: 에이드리언 리치와 수전 손택의 논쟁   165
《샐머건디》와의 인터뷰   179

해제   214
옮긴이의 말   225
수록작품 발표지면   229

나이 듦에 관한
이중 잣대

"나이가 어떻게 되시죠?" 이 질문은 누구든 할 수 있다. 질문을 받는 사람은, 프랑스인들의 신중한 표현을 빌리자면 "어느 정도 나이가 있는" 여자일 것이다. 20대 초반에서 50대 후반 사이의 누구나 이런 질문을 받을 수 있다. 사적인 질문이 아니라면(운전면허나 신용카드, 여권을 신청할 때 정보를 요구하는 것이라면) 아마 정직하게 대답할 수밖에 없을 것이다. 혼인신고서를 작성할 때 여자가 남편 될 사람보다 조금이라도 더 나이가 많다면, 여자는 몇 살 줄이고 싶은 충동을 느낄 것이다. 일자리를 놓고 다툴 때 여자가 채용될 가능성은 종종 그가 '적당한 나이'인가에 얼마간 좌우되며, 자신의 나이가 적당하지 않다고, 그리고 들키지 않으리라고 생각한다면 여자는 거짓말을 할 것이다. 병원을 처음 방문할 때 이 질문을 받으면 여자는 어쩌면 순간적으로 취약해진 기분에 서둘러 정답을 말하고 넘길 것이다. 그러나 이른바 사적인 질문이라면, 그러니까 새로 사귄 친구나 얼굴 몇 번 본 지인, 이웃집 꼬마, 사무실이나 가게나 공장의 동료가 나이를 묻는 거라면, 여자의 대답은 예상하기가 더 어려워진다. 농담으로 질문을 살짝 회피할 수도 있고, 장난스레 분개하며 대답을 거부할 수도 있다. "여자한테 나이를 물으면 안 되는 거 몰라요?" 혹은 잠깐 주저하다 거북해하면서도 도전적으로 진실을 말할 수도 있다. 아니면 거짓말을 할 수도 있다. 그러나 진실을 말하든 얼버무리든 거짓말을 하든, 그 질문의 불쾌함은 사라지지 않는다. "어느 정도 나이가 있는" 여성에게 자기 나이를 말해야 하는 순간은 언제나 작은 시련이다.

나이를 물은 사람이 여성이라면, 여자는 남자가 질문했을 때만큼 위협을 느끼지 않을 것이다. 어쨌든 다른 여성들은 똑같은 굴욕을 느낄 가능성이 있는 동지다. 이때 여자는 장난을 덜 치고, 덜 부끄러워할 것이다. 그러나 여전히 대답하기 싫을 수 있고, 진실을 말하지 않을 수도 있다. 관료적 절차에서 묻는 경우를 제외하면, ("어느 정도 나이가 있는") 여자에게 나이를 묻는 사람은 그게 누구든 금기를 무시하고 있는 것이며, 어쩌면 무례하게 굴거나 대놓고 적대적으로 구는 것일 수도 있다. 일단 여자가 상당히 어린 나이를 지나면, 여자의 정확한 나이는 정당한 호기심의 대상이 될 수 없음을 거의 모두가 인정한다. 유년기가 지나면 여자가 태어난 해는 여자의 비밀이자 사유재산이 된다. 더러운 비밀과 비슷하다. 나이를 정확하게 답하는 것은 언제나 경솔한 행동이다.

여자가 자기 나이를 말할 때마다 느끼는 불편함은 모두가 이따금 불안하게 자각하는 인간의 필멸과 무관하다. 남자든 여자든 일반적으로 나이 드는 걸 좋아하는 사람은 없다. 35세가 지나면 나이를 언급할 때마다 자신이 삶의 시작보다는 끝에 더 가까울지도 모른다는 사실을 떠올리게 된다. 이런 불안은 전혀 터무니없지 않다. 실제로 나이가 많은, 칠팔십 대에 이른 사람들이 무자비하게 감퇴하는 신체적·정신적 능력 앞에서 비통함과 분노를 느끼는 것도 전혀 이상하지 않다. 노년은 아무리 의연하게 견딘다 해도 부정할 수 없는 역경이다. 아무리 용기 있게 항해를 계속하겠다고 고집해도 노년은 조난 사고와 같다. 그러나 노년의 이 객관적이고 성스러운 고통은 나이 듦이 주는 주관적이고 세속적인 고통과는 종류가 다르다. 노년은 남성과 여성 모두가 비슷하게 겪는 진짜 시련이다. 반면 나이 듦은 주로 상상 속의 시련(정신적 병폐이자 사회 병리)이며, 본질적 특성상 남성보다 여성이 피해를 훨씬 많이 본다. 나이 듦(실제로 늙기 **이전에** 찾아오는 모든 것)을 그렇게 불쾌하게, 심지어 수치스러워하며 경험하는 건 특히 여성이다.

이 사회는 젊음에 정서적 특권을 부여하고, 이것이 모두에게 나이 듦에 대한 불안을 일으킨다. 현대의 모든 도시화된 사회가 (부족사회와 달리) 성숙함의 가치를 낮잡아 보고 젊은 시절의 기쁨에만 한껏 영광을 돌린다. 이처럼 생애 주기의 가치가 청년에게 유리하게 재평가되는 현상은 끝없이 증가하는 산업 생산성과 무한한 환경 파괴를 숭배하는 세속 사회를 훌륭하게 뒷받침한다. 이런 사회는 더 많이 사고 더 빨리 소비하고 내다 버리라고 사람들을 선동하기 위해 새로운 감각의 생활 리듬을 고안해야만 한다. 사람들은 상업화된 행복과 개인적 안녕의 **이미지**가 자신에게 무엇이 필요하고 무엇이 진짜 기쁨을 주는지에 대한 인식을 좌우하게 놔둔다. 그리고 더 열렬한 소비를 자극하기 위해 고안된 이 이미지 속에서 가장 인기 있는 행복의 은유는 '젊음'이다. (나는 이것이 정확한 서술이 아니라 은유라고 주장하려 한다. 젊음은 에너지, 끊임없이 움직이는 기동성, 욕구의 은유이며, '갈망하는' 상태의 은유다.) 이렇게 행복을 젊음과 동일시하면 모두가 자신과 타인의 정확한 나이를 집요하게 의식하게 된다. 전근대 원시사회의 사람들은 날짜를 훨씬 덜 중시한다. 삶이 고정된 책임과 변함없는 이상(그리고 위선)이 있는 긴 시기로 나뉠 때 어떤 사람이 정확히 몇 해를 살았는가는 사소한 사실이 되며, 누군가가 태어난 해는 언급할 이유도, 심지어 알 이유도 거의 없다. 비산업사회에 사는 사람들은 대개 자기 나이를 정확히 모른다. 산업사회에 사는 사람들은 숫자에 사로잡혀 있다. 이들은 나이 듦의 점수표를 작성하는 데 거의 집착에 가까운 관심을 보이며, 저점을 넘어서는 점수는 무조건 나쁘다고 확신한다. 수명이 갈수록 길어지는 시대에, 이제 모두의 삶에서 후반 **3분의 2**에 해당하는 시기는 끊임없는 상실에 대한 격렬한 근심으로 얼룩진다.

  이 사회에 사는 모두가 젊음의 위세 때문에 어느 정도 괴로워한다. 남성 또한 나이 든다는 사실에 주기적으로 우울해하는 데, 예를 들면 직장에서 안정감이나 성취감을 못 느끼거나 충분히 보상받지 못한다고 느낄 때 그렇다. 그러나 남성은 여성처럼 노화를 두려워하는 경우가 드물다. 남성은 여성만큼 나이 듦에 깊이 상처받지 않는데, 나이 든 남성과 여성 모두를 수세에 몰아넣는 젊음의 프로파간다 외에도, 여성을 특히 가혹하게 비난하는 나이 듦의 이중 잣대가 존재하기 때문이다. 사회가 남편들의 외도에 더 너그럽듯 노화에 관해서도 남성에게 훨씬 더 관대하다. 여성에게는 주어지지 않는 여러 방식으로, 남성은 아무 불이익 없이 나이 드는 것을 '허용'받는다.

　　이 사회는 여성에게 남성만큼 나이 듦을 보상하지 않는다. 신체적 매력은 남성보다 여성의 삶에서 더 중요하지만, 여성의 젊음, 그리고 그것과 동일시되는 아름다움은 노화를 잘 견디지 못한다. 정신력은 나이 들며 점점 강해질 수 있지만, 가벼운 수준 이상으로 자기 정신을 갈고닦는 것은 여성에게 좀처럼 권장되지 않는다. 여성 고유의 전문 분야로 여겨지는 지혜는 감정에 관한 아주 오래되고 직관적인 '영원'한 지식이며, 이러한 지식은 정보의 레퍼토리나 세상 경험, 합리적 분석 방식 등과는 아무 상관도 없으므로, 여성은 나이 들수록 더 지혜로워진다고 말할 수도 없다. 여성에게 요구되는 개인적 기량은 어린 나이에 단련되고, 사랑을 나누는 능력을 제외하면 이런 기량은 경험을 통해 향상되는 종류의 것이 아니다. '남성성'은 유능함과 자율성, 자제력과 동일시된다. 젊음이 사라져도 위협받지 않는 자질들이다. 신체 스포츠를 제외하면 남성에게 요구되는 활동은 대부분 나이 들며 더욱 능숙해진다. '여성성'은 무능함과 무력함, 수동성, 경쟁심 없음, 친절함과 동일시된다. 이 자질들은 나이 들며 더욱 향상되지 않는다.

중산층 남성은 커리어에서 특출함을 발휘하지 못했거나 돈을 많이 벌지 못했다면 아직 젊은 시기에도 나이 들수록 점점 약해진다고 느낀다. (중년이 되면 이들의 건강 염려증은 더욱 심해져서 심장마비나 정력 감퇴의 망령에 시달리며 불안해할 것이다.) 이들이 겪는 위기는 중산층의 자격 조건인 '성공'을 쟁취해야 한다는 남성의 끔찍한 압박감과 연결되어 있다. 여성은 무언가에서 성공을 거두지 못했기 때문에 자기 나이를 불안해하는 경우가 드물다. 여성이 집 밖에서 하는 일은 성취가 아니라 돈벌이 수단으로 여겨지고, 여성이 구할 수 있는 직업은 이들이 아주 어릴 때부터 받아온 훈련을 활용한다. 바로 복종하고, 남을 도우면서도 남에게 기생하고, 모험심을 버리는 훈련이다. 여성이 얻을 수 있는 경공업 분야의 따분한 저숙련 일자리는 살림만큼이나 성공의 기준이 미약하다. 여성은 비서, 사무원, 외판원, 가정부, 연구 보조, 웨이트리스, 사회 복지사, 성 노동자, 간호사, 교사, 전화 교환원이 될 수 있다. 여성이 가정에서 수행하는 봉사하고 남을 돌보는 역할이 공적 영역으로 넘어간 것이다. 여성은 임원진이 드물고, 대기업이나 정치적 책무에 웬만하면 적합하다고 여겨지지 않으며, 자유 직업군에서도 극히 작은 일부를 차지한다(교직 제외). 여성은 기계를 능숙히 다루거나 적극 몸을 써야 하는 직업, 또는 신체적 위험이 따르거나 모험심이 필요한 직업에서 사실상 제외된다. 이 사회에서 여성에게 적합하다고 여기는 업무는 남성과 경쟁하는 것이 아니라 남성의 활동을 돕는, 보조적이고 '차분한' 활동이다. 여성이 하는 일은 대부분 보수가 적거나 승진의 천장이 낮으며, 영향력을 발휘하고 싶은 평범한 소망을 분출하기에도 변변찮은 수단이다. 여성이 이 사회에 남기는 뛰어난 업적은 전부 보상 없이 순전한 의지로 이루어지며, 여성 대부분은 자신의 야심과 공격성을 못마땅해하는 사회 때문에 지나치게 억눌려 있다. 결국 여성은 성취가 보잘것없거나 직업 사다리에서 발이 매였다고 느끼거나 더 어린 사람에게 밀려날까 봐 두려워하는 중년 남성의 처량한 공포에서 면제된다. 그러나 한편으로 여성은 남성이 일에서 느끼는 진정한 만족감, 대개 나이 들수록 커지는 이 만족감에서도 제외된다.

  나이 듦의 이중 잣대는 성적 감정의 관습에서 가장 냉혹하게 드러나는데, 이 관습이 상정하는 남녀 간의 차이는 영구적으로 여성에게 불리하게 작용한다. 대체로 10대 후반과 20대 중반 사이의 여성은 자기 또래의 남성을 만날 수 있다. (이상적으로는 남자가 조금이라도 연상인 것이 좋다.) 두 사람은 결혼하고 가정을 꾸린다. 그러나 결혼 생활이 몇 년간 이어진 뒤 남편이 다른 여성과 바람을 피우기 시작한다면, 관습적으로 그 여성은 아내보다 훨씬 어릴 것이다. 부부가 40대 후반이거나 50대 초반일 때 두 사람이 이혼한다고 해보자. 남성은 아마도 자기보다 어린 여성과 재혼할 확률이 매우 높다. 그러나 그의 전처는 재혼하기가 어렵다. 자신보다 어린 두 번째 남편을 얻는 것은 거의 불가능하다. 심지어 자기 또래의 남편을 찾는 것도 운이 좋아야 가능하며, 아마도 자기보다 훨씬 나이가 많은 60대나 70대 남성에게 만족해야 할 것이다. 여성은 남성보다 훨씬 일찍 성적 부적격자가 된다. 남성은 얼굴이 추하더라도 나이 들어서까지 신랑감 자격을 유지할 수 있다. 여성은 외모가 아름답더라도 (매우 늙은 남성의 파트너가 되는 경우를 제외하면) 훨씬 젊은 나이에 신붓감 자격을 잃는다.

그러므로 대다수 여성에게 나이 듦은 성적 자격이 서서히 박탈되는 모욕적인 과정이다. 여성은 한창 젊을 때 신붓감으로서 최고 자격을 갖췄다고 여겨지고 그 시기가 지나면 성적 가치가 꾸준히 낮아지기 때문에 젊은 여성들조차 자신이 달력과 필사적으로 경주하고 있다고 느낀다. 이들은 상당히 어린 시기가 지나자마자 곧 늙은 사람이 된다. 어떤 소녀들은 후기 청소년기에 이미 결혼을 걱정한다. 소년들과 젊은 남성들은 나이 듦이 문제가 되리라 걱정할 이유가 거의 없다. 여성이 느끼는 남성의 매력은 젊음과 아무 관련이 없다. 오히려 나이 듦은 보통 (수십 년간) 남성에게 유리하게 작용하는데, 연인과 남편으로서 이들의 가치는 외모보다 성취로 결정되기 때문이다. 많은 남성이 스물이나 스물다섯 살 때보다 마흔 살에 연애를 더 잘한다. 명성과 돈, 무엇보다 권력이 성적 매력을 강화한다. (경쟁이 치열한 직업이나 사업 경력을 통해 권력을 얻은 여성은 매력이 커지기보다 오히려 작아진다. 대다수 남성이 그런 여성 앞에서 위축되거나 성적으로 흥분되지 않는다고 고백하는데, 분명 성적인 '대상'으로 취급하기가 더 어렵기 때문일 것이다.) 남성도 나이 들면서 성적 활력을 잃거나 발기불능이 될까 봐 걱정하며 자신의 성 기능을 불안해하기 시작할 수 있지만, 그저 나이 들었다는 이유로 성적 자격이 박탈되지는 않는다. 남성은 사랑을 나눌 수 있는 한 계속 성적인 존재로 남는다. 여성은 외모 및 나이와 관련된 훨씬 엄격한 '조건'을 충족해야 성적 자격을 얻을 수 있으므로 입장이 불리하다.

여성의 성생활은 남성보다 훨씬 제한적으로 상상되기에 결혼하지 않은 여성은 동정의 대상이 된다. 그런 여성은 받아들여지지 못한 것이며, 독신 상태가 그 사실을 계속해서 입증한다고 여겨진다. 사람들은 그 여성에게 성적인 기회가 없으리라 생각하며 난처해한다. 독신 남성이 받는 판결은 훨씬 덜 가혹하다. 사람들은 그 남성이 나이와 상관없이 성생활을 하리라고, 아니면 그럴 기회가 있으리라고 생각한다. 남성에게는 여성이 '노처녀'나 '독신녀'가 되는 것과 같은 모욕적인 운명이 없다. 남성은 아기일 때부터 노망날 때까지 '미스터(Mr)'라고 불리므로, 더 이상 어리지 않으나 여전히 '미스(Miss)'인 여성에게 따라붙는 오명에서 면제된다. (여성이 '미스'와 '미세스'로 나뉨으로써 결혼을 했느냐 안 했느냐에 끊임없이 관심이 집중된다는 사실은 혼인 여부가 남성보다 여성에게 훨씬 중요하다는 믿음을 보여준다.)

더 이상 어리지 않은 여성은 마침내 결혼하게 되었을 때 확실히 안도감을 느낀다. 결혼은 여성이 세월의 흐름 앞에서 느끼는 날카로운 고통을 달래준다. 그러나 불안이 완전히 가라앉는 것은 아니다. (이혼이나 남편의 죽음, 성적 모험의 욕구 때문에) 이후 섹스 시장에 다시 들어서야 한다면 (그때 나이가 **몇 살이든**) 자기 미모와 상관없이 동년배 남성보다 조건이 훨씬 불리하리란 사실을 알기 때문이다. 커리어를 가진 여성의 성취는 자산이 아니다. 최종 결정권자는 달력이다.

      분명 그 달력은 국가별로 조금씩 다르다. 스페인과 포르투갈, 라틴아메리카 국가에서 여성이 신체적으로 바람직하지 않다고 결정되는 나이는 미국보다 이르다. 프랑스에서는 그 나이가 다소 늦다. 성적 감정에 관한 프랑스의 관습에는 서른다섯 살에서 마흔다섯 살 사이의 여성을 위한 준準공식 공간이 있다. 이 여성들의 역할은 경험이 부족하거나 소심한 젊은 남성에게 비법을 전수하는 것이며, 물론 교육이 끝나면 이들은 젊은 여성으로 대체된다. (시도니 가브리엘 콜레트의 소설 『셰리』가 그러한 연애를 다룬 가장 유명한 소설이며, 발자크의 전기에 실제 사례가 잘 기록되어 있다.) 이러한 성적 신화 덕분에 프랑스 여성은 다소 쉽게 마흔을 맞이한다. 그러나 여성의 성적 자격을 남성보다 훨씬 일찍 박탈하는 기본 태도는 이들 국가에서도 전혀 차이가 없다.

      나이 듦은 사회 계급에 따라서도 양상이 다르다. 가난한 사람들은 부유한 사람들보다 훨씬 빨리 나이 들어 보인다. 그러나 노화에 대한 불안은 확실히 노동자계급 여성보다 부유한 중산층 여성 사이에서 더 흔하며 더 극심하다. 이 사회에서 경제적으로 어려운 여성은 노화를 더욱 숙명으로 받아들인다. 부유한 여성만큼 코스메틱 전쟁을 오래, 악착같이 치를 여유가 없기 때문이다. 반면 젊어 보이는 외모를 가장 오래 유지하는 여성, 몸을 쓰지 않고 편안하게 살아가는 여성, 균형 잡힌 식사를 하고 질 좋은 의료 서비스를 받을 여유가 있고 자녀가 적거나 없는 여성이 나이로 인해 가장 크게 좌절한다는 사실은 이러한 위기의 허구적 특성을 가장 명백하게 보여준다. 나이 듦은 생물학적 사건이라기보다는 사회적 판단이다. 완경기(수명이 늘어나면서 갈수록 늦게 찾아오고 있다)에 겪는 혹독한 상실감보다 훨씬 광범위한 것이 노화로 인한 우울감이다. 이 우울감은 여성의 삶에서 실제로 벌어진 사건에서 비롯된 게 아닐 수 있다. 이 우울감은 여성의 상상력이 자꾸 '억제되는' 상태이며, 이 상태를 명하는 것은 바로 사회다. 즉, 이 우울감은 사회가 여성으로 하여금 자신을 자유롭게 상상하지 못하도록 제한하기 때문에 발생한다.

리하르트 슈트라우스의 감상적이면서도 아이러니한 오페라 〈장미의 기사Der Rosenkavalier〉에는 나이 듦의 위기를 보여주는 적절한 사례가 등장한다. 오페라의 주인공인 부유하고 매력적인 기혼 여성 마르샬린은 연애를 끝내기로 마음먹는다. 자신을 숭배하는 연하의 애인과 하룻밤을 보낸 그는 예기치 않게 불현듯 자신의 모습과 대면한다. 1막이 끝을 향해가고, 연인인 옥타비안은 막 방에서 나간 참이다. 침실에 혼자 남은 마르샬린은 매일 아침 그렇듯 화장대 앞에 앉는다. 모든 여성이 매일 의식처럼 수행하는 자기 평가다. 마르샬린은 자기 얼굴을 들여다보다가 깜짝 놀라 훌쩍훌쩍 울기 시작한다. 젊음이 끝난 것이다. 마르샬린이 거울을 보며 자신이 추하다고 생각하는 것이 아님을 주의하자. 마르샬린은 여느 때처럼 아름답다. 마르샬린의 발견은 머릿속에서 나온다. 즉, 그건 상상 속의 발견이지, 마르샬린이 실제로 **보는 것**과는 아무 관련이 없다. 그럼에도 그 발견은 못지않게 파괴적이다. 마르샬린은 결연하고 용감하게 힘든 결정을 내린다. 그는 사랑하는 옥타비안이 자기 또래의 여자와 사랑에 빠질 수 있도록 계획을 짤 것이다. 현실을 파악해야 한다. 자신에게는 더 이상 연인의 자격이 없다. 마르샬린은 이제 '늙은 마르샬린'이다.

슈트라우스는 1910년에 이 오페라를 썼다. 현대의 관객은 대본에서 마르샬린의 나이가 겨우 서른넷이라는 사실을 알면 상당히 놀랄 것이다. 오늘날 이 역할은 주로 40대를 훌쩍 넘기거나 50대인 소프라노가 맡는다. 서른넷의 매력적인 배우가 연기한다면 마르샬린의 슬픔은 그저 신경증으로 보이거나 심지어는 우스꽝스러워 보일 것이다. 오늘날 자기가 늙어서 연애할 자격이 없다고 생각하는 서른네 살 여성은 드물다. 지난 몇 세대에 걸쳐 모두의 기대수명이 가파르게 증가하면서 연애의 정년도 함께 미뤄졌다. 그러나 여성이 자기 삶을 경험하는 **형태**는 변하지 않았다. 자신이 '너무 늙었음'을 받아들여야 하는 순간은 반드시 찾아온다. 그리고 그 순간은 변함없이, 객관적으로, 너무 이르게 찾아온다.

이러한 체념은 이전 세대에서 더 빨리 찾아왔다. 50년 전의 마흔 살 여성은 나이 드는 중이 아니라 이미 늙은 사람이었다. 저항조차 불가능했다. 오늘날은 나이 듦에 항복하는 시기가 더 이상 정해져 있지 않다. 나이 듦의 위기(부유한 국가의 여성들을 말하는 것이다)는 더 일찍 시작되지만, 더 오래 지속되며, 여성의 삶 대부분에 퍼져 있다. 여성은 노년의 나이와 전혀 가깝지 않아도 자기 나이를 걱정할 수 있고 거짓말을 시작할 수(또는 거짓말의 유혹을 느낄 수) 있다. 나이 듦의 위기는 언제든 찾아올 수 있다. 그 시기는 개인의 ('신경증적') 취약성과 사회 관습의 변동에 따라 달라진다. 어떤 여성들은 서른이 될 때까지 위기를 겪지 않는다. 마흔이 되면 그 누구도 끔찍한 충격을 피하지 못한다. 매년 생일, 그중에서도 특히 앞자리 숫자가 바뀌는 해의 생일(앞자리 수에는 특별한 권위가 있으므로)은 새로운 패배로 느껴진다. 예기하는 고통도 현실 속의 고통만큼 크다. 약 한 세대 전에 젊음의 공식적 종말이 서서히 서른까지 미뤄진 뒤로 스물아홉 살은 늘 불안한 나이였다. 서른아홉 살 역시 괴롭기는 마찬가지라서, 자신이 중년의 문턱에 서 있다는 사실에 침울함과 섬뜩함을 느끼며 일 년 내내 깊은 생각에 빠진다. 그 경계는 임의적이지만 그렇다고 해서 생생하지 않은 것은 아니다. 마흔 번째 생일을 맞이한 여성은 사실 서른아홉일 때와 거의 다르지 않은데도 이날을 하나의 전환점처럼 느낀다. 그러나 이 여성은 실제로 마흔이 되기 한참 전부터 자신이 느낄 우울감을 예상하며 마음을 다잡는다. 나이 드는 일은 단순히 모든 여성의 삶에서 가장 큰 비극 중 하나이며, 틀림없이 가장 **오래가는** 비극이다.

나이 듦은 움직이는 파멸이다. 나이 듦은 결코 소진되지 않는 위기인데, 불안이란 절대 바닥나는 법이 없기 때문이다. 이 위기는 '현실'이 아니라 상상 속의 위기이므로 자꾸만 반복되는 경향이 있다. (실제 노년이 아닌) 나이 듦의 영역에는 고정된 경계가 없다. 어느 정도까지는 자기 마음대로 경계를 그을 수 있다. 많은 여성이 나이의 앞자리가 바뀌면 (초반의 충격이 가신 뒤에) 귀엽고 절박한 생존 충동의 도움을 받아 그 경계를 10년 뒤로 연장한다. 청소년기 후반에 서른은 인생의 끝처럼 보인다. 서른이 되면 그 판결을 마흔으로 미룬다. 마흔이 되면 다시 자신에게 10년을 더 준다.

대학 시절 친했던 친구가 스물한 살 생일에 흐느껴 울던 것이 기억난다. "인생에서 가장 좋은 시절은 다 갔어. 난 더 이상 어리지 않아." 그 친구는 마지막 학년으로 졸업을 앞두고 있었다. 나는 조숙한 신입생이었고, 겨우 열여섯 살이었다. 당황한 나는 친구를 변변찮게 위로하며 스물한 살이 **그렇게** 늙은 나이는 아닌 것 같다고 말했다. 실제로도 스물한 살이 되는 게 그렇게 의기소침할 일인지 전혀 이해할 수 없었다. 내게 스물한 살은 그저 좋은 의미일 뿐이었다. 스스로 책임지는 자유로운 나이. 당시 열여섯이었던 나는 너무 어려서, 이제 자신을 소녀가 아닌 여자로 생각하라고 요구하는 이 사회의 상당히 느슨하고 양가적인 방식을 알아차리지도, 혼란을 느끼지도 않았다. (오늘날 미국에서 이러한 요구는 서른 살이나 심지어 그 이후까지 미뤄질 수 있다.) 그러나 친구의 괴로움이 터무니없다고 생각했을지라도, 그때 나는 그 괴로움이 스물한 살이 되는 **소년**에게는 그저 터무니없는 것을 넘어 상상조차 할 수 없는 것임을 분명 알았을 것이다. 오로지 여성만이 이토록 어리석고 처량하게 나이를 걱정한다. 물론, 진짜가 아니므로 강박적으로 반복되는 모든 위기가 그렇듯(이때의 위험은 대개 허구이고 상상 속의 독이므로), 나의 친구는 그 이후로도 똑같은 위기를 거듭, 매번 처음처럼 겪었다.

나는 그 친구의 서른 살 생일파티에도 갔다. 연애 베테랑인 그 친구는 20대 대부분을 외국에서 보내고 막 미국으로 돌아온 참이었다. 나와 처음 만났을 때도 예뻤고, 서른이 된 그때도 아름다웠다. 스물두 살이 된다고 울었던 일을 이야기하며 친구를 놀렸는데, 친구는 웃으며 기억이 안 난다고 우겼다. 그러나 서른이야말로 정말 인생의 끝이라고 애석하게 말했다. 얼마 지나지 않아 그 친구는 결혼했다. 현재 그 친구는 마흔네 살이다. 더 이상 사람들이 아름답다고 할 외모는 아니지만, 여전히 눈에 띄게 매력적이며 활력이 넘친다. 친구는 초등학교 선생님이고, 친구보다 스무 살 연상인 친구의 남편은 시간제 상선 선원으로 일한다. 두 사람에게는 아홉 살짜리 아이가 있다. 가끔 남편이 멀리 떠나면 친구는 애인을 만든다. 최근 친구는 내게 마흔 살 생일이 가장 속상했다고 말했고(나는 그 자리에 없었다), 자신에게 남은 시간은 몇 년 없지만 최대한 즐기겠다는 마음을 먹고 있다. 이제 친구는 대화에서 기회만 생기면 자기 나이를 언급하는 그런 여자 중 한 명이 됐는데, 허세와 자기 연민이 뒤섞인 이 태도는 자기 나이를 종종 속이는 여성의 태도와 그리 다르지 않다. 그러나 친구는 20년 전보다 나이에 훨씬 덜 안달복달한다. 느지막이 아이를 하나 낳고 서른 살이 지난 것이 확실히 자기 나이를 받아들이는 데 도움이 된 것 같다. 내 생각에 그 친구는 쉰 살이 되면 체념할 나이를 더욱 굳세게 뒤로 미룰 것이다.

    내 친구는 나이 듦의 위기에서 운 좋고 완강한 피해자에 속한다. 대다수 여성은 고통 속에서 내 친구만큼 씩씩하지도, 천진하게 우습지도 않다. 그러나 거의 모든 여성이 이와 비슷한 고통을 견딘다. 상당히 어린 나이부터 거듭 자기 상상에 사로잡혀 자신이 겪을 상실을 계산해보는 것이다. 이 사회의 규칙은 여성에게 가혹하다. 여성은 결코 성숙한 어른이 될 수 없게 키워진 뒤 남성보다 일찍 퇴물 취급된다. 실제로 대다수 여성이 서른이 되어서야 성적으로 비교적 자유롭게 자신을 표현한다. (여성의 성적인 성숙이 남성보다 훨씬 뒤늦은 이유는 타고난 생물학적 원인 때문이 아니라 우리 문화가 여성의 성숙을 지체하기 때문이다. 남성에게 허용되는 성적 에너지의 배출구가 대개 여성에게는 허락되지 않기에, 많은 여성이 자신의 거리낌을 없애는 데 **그토록** 오래 걸리는 것이다.) 여성이 성적으로 매력적인 사람의 자격을 박탈당하기 시작하는 시기가, 곧 그들이 성적으로 성숙해지는 때다. 나이 듦의 이중 잣대는 성생활이 가장 즐거운 시기일 서른다섯에서 쉰 살 사이의 여성을 배신한다.

여성이 남성에게 자주 칭찬받기를 기대하고 여성의 자신감이 이러한 칭찬에 크게 좌우된다는 사실이, 이 이중 잣대로 여성이 얼마나 심리적으로 허약해지는지를 보여준다. 여성은 사회의 전 구성원이 느끼는 최대한 오래 젊어 보여야 한다는 압박감에 더해 '여성성'의 압박을 느끼며, 이 여성성이라는 가치는 여성의 성적 매력을 특히 젊음과 동일시한다. 여성에게 '적절한 나이'이고 싶은 욕망은 남성에게는 없는 특별한 절박함을 띤다. 여성이 더 이상 젊지 않으면 자존감과 삶의 즐거움이 대부분 사라질 위험에 처한다. 대다수 남성은 나이 듦을 애석해하고 걱정하며 경험한다. 그러나 대다수 여성은 나이 듦을 수치스러워하며 더욱 고통스럽게 경험한다. 남성에게 노화는 운명이며, 인간이므로 일어날 수밖에 없는 사건이다. 여성에게 노화는 그저 운명이 아니다. 여성은 인간의 **좁은** 정의이므로, 노화는 여성의 운명인 동시에 취약점이다.

여성으로 사는 것은 곧 배우가 되는 것이다. 여성스럽다는 것은 의상과 무대장치, 조명, 정형화된 제스처를 갖춘 일종의 연극이다. 여자아이는 아주 어릴 때부터 병적일 정도로 지나치게 자기 외모를 신경 쓰도록 훈련받으며, 신체적으로 매력적인 대상처럼 보여야 한다는 스트레스 때문에 (일류 성인이 되기 부적합할 만큼) 심하게 망가진다. 여성은 남성보다 거울을 자주 본다. 자신을 자주 들여다보는 것은 사실상 여성의 의무다. 자아도취에 빠지지 않은 여성은 여성적이지 않다고 여겨진다. 외모를 가꾸고 그에 필요한 물건을 구매하는 데 말 그대로 자기 시간의 **대부분**을 쓰는 여성은 사실 정신적 바보인데도 사회에서는 그렇게 평가하지 않는다. 오히려 매우 평범하게 여겨지며, 시간을 주로 일터에서 보내거나 대가족을 보살피는 데 쓰는 다른 여성들의 부러움을 받는다. 자아도취의 전시는 항시 계속된다. 여성들은 저녁에 레스토랑이나 파티에서, 연극의 중간 휴식이나 사교상의 방문 중에 몇 번이나 사라지리라 예상된다. 그저 자기 외모를 살피고, 화장과 머리가 망가지지 않았는지 확인하고, 옷이 지저분하거나 주름지지 않고 제대로 흘러내리도록 단속하기 위해서다. 심지어 공공장소에서도 이런 행동이 허용된다. 여성은 레스토랑에서 커피를 마시다가, 남편이나 친구를 앞에 두고도 태연하게 콤팩트를 열고 화장과 머리를 매만진다.

  여성의 '허영심'으로 치부되는 이 모든 행동을 남성이 한다면 아마 터무니없어 보일 것이다. 여성이 남성보다 허영심이 큰 이유는 본인의 외모를 높은 수준으로 유지해야 한다는 압박을 끊임없이 받기 때문이다. 게다가 기준이 여러 개라는 사실이 부담을 더한다. 남성은 자신을 얼굴과 몸이 연결된 하나의 신체로 표현한다. 여성은 남성과 달리 신체가 몸과 얼굴로 나뉘며, 각기 다른 기준으로 평가된다. 얼굴은 아름다운 것이 중요하다. 몸에서 중요한 것은 두 가지로, 심지어 이 둘은 (유행과 취향에 따라) 양립 불가능할 수도 있다. 첫째로 몸은 욕망을 일으켜야 하고, 둘째로 아름다워야 한다. 많은 남성이 여성의 얼굴보다는 몸에서 성적 매력을 느낀다. 욕망을 일으키는 특성(예를 들면 풍만함)이 유행하는 아름다움과 늘 일치하는 것은 아니다. (예를 들어 몇 년 전부터 광고에서는 극단적으로 마른 몸을 이상적인 여성의 신체로 홍보하고 있다. 벗었을 때보다 옷을 걸쳤을 때 더 매력적으로 보이는 종류의 몸이다.) 그러나 외모를 향한 여성의 관심은 오로지 남성의 욕망을 일으키는 데만 맞춰져 있지 않다. 또 다른 목표는 남성의 욕망을 일으키는 좀 더 완곡한 방식인데, 바로 자기 가치를 말해주는 특정 이미지를 만들어내는 것이다. 한 여성의 가치는 그 여성이 자신을 **드러내는** 방식에 있으며, 이 표현은 몸보다는 얼굴을 통해 이루어진다. 여성들은 단순한 성적 끌림의 법칙이 지시하는 대로 자기 몸에만 관심을 쏟지 않는다. 여성이 전시하는 '평범한' 자기도취(이들이 거울 앞에서 보내는 시간의 양)는 주로 얼굴과 머리 모양을 관리하는 데 쓰인다.

여성은 남성처럼 단순히 얼굴을 소유하지 않는다. 여성은 곧 자신의 얼굴이다. 남성은 자기 얼굴과 자연스럽게 관계를 맺는다. 분명 그들도 자신이 잘생겼는지 아닌지를 신경 쓴다. 여드름과 툭 튀어나온 귀, 작은 눈 때문에 괴로워하고, 머리가 벗겨지는 걸 극도로 싫어한다. 그러나 남성의 얼굴은 여성의 얼굴보다 미적인 수용 범위가 훨씬 넓다. 남성의 얼굴은 기본적으로 손댈 필요가 없는 것으로 정의된다. 그저 청결을 유지하기만 하면 된다. 남성은 턱수염과 콧수염, 길거나 짧은 머리카락처럼 자연이 제공한 장식품을 선택해서 이용할 수 있다. 그러나 남성은 자신을 위장해서는 안 된다. 자기 '본연의' 모습을 드러내야 한다. 남성은 삶의 각 단계를 얼굴에 꾸준히 기록하며 자기 얼굴과 함께 살아간다. 또한 남성은 자기 얼굴에 손대지 않기 때문에 얼굴이 몸과 분리되는 것이 아니라 몸을 통해 완성되며, 몸은 정력과 에너지를 뿜어낼 때 매력적으로 평가받는다. 반면에 여성의 얼굴은 몸과 분리될 수 있다. 여성은 자기 얼굴을 자연스럽게 대하지 않는다. 여성의 얼굴은 수정하고 고쳐가며 자화상을 그릴 수 있는 캔버스다. 이 창작에서 규칙은 여성이 드러내고 싶지 않은 부분이 얼굴에서 드러나서는 **안 된다**는 것이다. 여성의 얼굴은 하나의 상징이고 아이콘이며 깃발이다. 머리를 어떻게 매만지고, 어떤 화장법을 택하고, 안색이 얼마나 좋은가와 같은 것들은 전부 여성 '본연의' 모습을 드러내는 표지가 아니라, 타인, 특히 남성에게 어떻게 대우받기를 바라는지를 보여주는 표지다. 이 표지들은 여성을 '대상'의 지위에 앉힌다.

나이 듦이 모든 인간의 얼굴에 남기는 평범한 변화에서도 여성은 남성보다 훨씬 불리하다. 소녀들은 무려 초기 청소년기부터 얼굴이 마모되지 않도록 보호해야 한다는 경고를 듣는다. 어머니는 딸에게 이렇게 말한다(그러나 아들에게는 절대 이렇게 말하지 않는다). 너 울면 얼굴 못생겨 보여. 걱정 그만해. 책 너무 많이 읽지 마. 울고, 이마를 찡그리고, 눈을 가늘게 뜨고, 심지어 웃는 것과 같은 모든 인간 활동이 '주름'을 만든다. 남성이 얼굴을 이렇게 사용하면 상당히 긍정적인 평가를 받는다. 남성의 얼굴 주름은 '인격'의 흔적으로 여겨진다. 이 주름들은 정서적 강인함과 성숙함을 암시하는데, 여성보다는 남성에게 나타날 때 더 높은 평가를 받는 자질들이다. (주름은 그 남성이 지금까지 '삶을 살아냈음'을 보여준다.) 남성에겐 흉터도 종종 매력적인 요소로 간주되는데, 얼굴에 '개성'을 더할 수 있기 때문이다. 그러나 여성의 얼굴은 노화로 인한 주름과 흉터, 심지어 작은 점까지도 전부 유감스러운 잡티로 취급된다. 실제로 사람들은 남성의 인격과 여성의 인격을 다르게 이해한다. 여성의 인격은 선천적이고 정적이며, 여성의 경험과 살아온 세월, 행동의 산물이 아니다. 여성의 얼굴은 감정이나 신체적 위험 부담 때문에 변하는 일이 없는 한에서만(또는 그러한 것들의 흔적을 감출 수 있는 한에서만) 높은 평가를 받는다. 이상적으로 여성의 얼굴은 절대 변하지 않고 아무 흔적도 남지 않는 가면이어야 한다. 좋은 본보기는 그레타 가르보의 얼굴이다. 여성은 남성보다 훨씬 더 자기 얼굴과 동일시되고 이상적인 여성의 얼굴은 '완벽한' 얼굴이기에, 여성에게 얼굴이 사고로 손상되는 것은 재앙이다. 남성에게 코가 부러지거나 흉터나 화상을 입는 사건은 그저 안타까운 일일 뿐이지만 여성에게는 끔찍한 심리적 상처를 남긴다. 객관적으로 그 여성의 가치가 낮아지기 때문이다. (잘 알려져 있듯이 성형수술 고객 대다수는 여성이다.)

두 성별 다 이상적인 신체를 갈망하지만, 소년에게 기대되는 이상과 소녀에게 기대되는 이상은 자기 자신과 맺는 정신적 관계가 상당히 다르다. 소년은 자기 신체를 **개발**하고, 몸을 개선 가능한 수단으로 여기는 것이 권장된다. 소년은 주로 운동과 스포츠를 통해 남성적 자아를 창조하며, 운동은 신체를 단련하고 경쟁의식을 강화한다. 옷은 신체를 매력적으로 만드는 데 부차적인 도움을 줄 뿐이다. 소녀는 격하거나 격하지 않은 활동을 통해 몸을 개발하는 것이 딱히 권장되지 않으며, 근력과 지구력은 전혀 귀중한 가치가 아니다. 여성적 자아는 주로 옷이나, 매력적으로 보이고 남을 기쁘게 하려는 노력을 증명하는 다른 표시를 통해 창조된다. 소년은 남성이 된 뒤에도 (특히 주로 앉아 있는 직업일 경우) 한동안 운동이나 스포츠를 계속한다. 남성은 자연이 준 것을 그럭저럭 수용하라고 교육받았기에 대체로 자기 외모를 그대로 놔둔다. (남성이 40대에 체중 감량을 위해 운동을 다시 시작한다면, 그건 건강 때문이지 미용 때문이 아니다. 부유한 국가의 중년 남성에게는 심장마비에 대한 공포가 유행병처럼 퍼져 있다.) 이 사회에서 '여성성'의 규범 중 하나가 외모에 집착하는 것이라면, '남성성'은 자기 외모에 크게 신경 쓰지 않는 것을 의미한다.

이 사회에서 남성은 여성보다 자기 몸과 더 긍정적인 관계를 맺을 수 있다. 자기 몸을 아무렇게나 대접하든 공격적으로 사용하든, 남성은 자기 몸을 더 '편안하게' 느낀다. 남성의 몸은 강한 몸으로 정의된다. 매력적으로 느껴지는 몸과 실용적인 몸 사이에 아무런 모순도 없다. 여성의 몸은, 적어도 매력적으로 여겨지는 몸은, 허약하고 가벼운 몸으로 정의된다. (그러므로 여성이 남성보다 더 과체중을 염려한다.) 여성은 운동할 때 근육, 그중에서도 특히 위팔 근육이 발달하는 운동을 피한다. '여성스럽다'는 것은 몸이 약하고 여려 보인다는 뜻이다. 그러므로 이상적인 여성의 몸은 이 세상의 힘든 일에서 그리 실용적이지 않은 몸, 계속 '보호되어야' 하는 몸이다. 여성은 남성처럼 자기 신체를 개발하지 않는다. 후기 청소년기에 이르러 여성의 몸이 성적으로 바람직한 형태를 갖춘 뒤에도 계속해서 몸을 개발하는 것은 대개 부정적으로 여겨진다. 그리고 여성이 남성처럼 평범하게 자기 몸을 놔두는 것은 무책임한 행태로 간주된다. 여성이 이상적 이미지(날씬한 몸매, 매끄럽고 탱탱한 피부, 가벼운 근육, 우아한 몸가짐)에 가까워질 가능성이 높을 때는 아주 어릴 때다. 여성의 과제는 그 이미지를 가능한 한 오래 변함없이 유지하는 것이다. 일반적인 몸의 개발은 여성의 과제가 아니다. 여성은 몸이 단단하고 굵고 뚱뚱해지지 않게 관리한다. 즉 몸을 **보존**한다. (어쩌면 현대 사회에서 여성이 남성보다 정치적으로 더 보수적인 것도 여성이 자기 몸과 매우 보수적인 관계를 맺기 때문일지 모른다.)

  이 사회를 살아가는 여성이 삶에서 스스로에게 자부심을 느끼고, 꾸밈없이 솔직하고, 남을 의식하지 않고 마음껏 활약하는 시기는 아주 짧다. 젊은 시절이 지나가면 여성은 나이의 침략에 맞서 자신을 창조(그리고 유지)해야만 한다. 여성의 신체적 특징에서 매력적으로 여겨지는 것들 대다수는 '남성적'으로 정의되는 특징보다 훨씬 일찍 감퇴하기 시작한다. 그런 특징들은 정상적인 신체 변화의 과정에서 상당히 일찍 사라진다. '여성성'은 매끄럽고 동그랗고 털이 없고 주름이 없고 보드랍고 근육이 없다. 아주 어린 사람의 외모이고, 약하고 취약한 사람의 특징이며, 저메인 그리어Germaine Greer의 지적처럼 거세당한 사람의 특성이다. 실제로, 숨기거나 꾸미지 않고도 생리학적으로 자연스럽게 이런 외모를 얻을 수 있는 시기는 인생에서 단 몇 년(후기 청소년기와 20대 초반)뿐이다. 그 시기가 지나면 여성은 사회가 제시하는 (여성의 매력에 관한) 이미저리imagery와 서서히 진행되는 자연법칙 사이의 간극을 좁히려 애쓰는 비현실적 과업에 발을 들인다.

  여성이 남성보다 노화와 밀접한 관계를 맺는 이유는 사회가 인정하는 '여성의 일' 중 하나가 얼굴에서 노화의 흔적을 공들여 감추는 것이기 때문이다. 여성의 성적 자격은 어느 정도 이러한 자연적 변화를 얼마나 잘 막아내느냐에 달려 있다. 후기 청소년기가 지나면 여성은 자기 몸과 얼굴을 보살피는 돌보미가 되어 본질적으로 방어 전략인 현상 유지 작전을 실행한다. 단지와 튜브에 담긴 수많은 화장품과 이런저런 시술, 미용사와 마사지사와 다이어트 전문가 부대, 그 밖의 여러 전문가가 생물학적으로 지극히 정상인 변화 과정을 늦추거나 가리기 위해 존재한다. 이처럼 자연을 무찌르려는 노력에, 즉 나이 들면서도 이상적인 외모를 변함없이 유지하려는 열성적이고 유해한 노력에 여성이 가진 에너지의 상당 부분이 새어 나간다. 이 프로젝트의 실패는 시간문제일 뿐이다. 필연적으로 여성의 외형은 어린 시절의 형태를 넘어 성장한다. 아무리 이국적인 크림을 바르고 아무리 엄격한 식단을 고수해도 주름 없는 얼굴과 날씬한 허리를 영원히 유지할 수는 없다. 출산도 여성의 몸에 타격을 준다. 몸통이 두툼해지고 피부가 늘어진다. 20대 중반이 되면 눈가나 입가에 생기는 주름을 막을 도리가 없다. 30세가 되면 피부는 점차 탄력을 잃는다. 여성에게는 이런 지극히 자연스러운 변화가 굴욕적인 패배로 여겨지지만, 남성에게 이런 신체적 변화가 나타나는 것은 그 누구도 흉하게 여기지 않는다. 남성은 성적인 불이익 없이 나이 들어 보이는 것이 '허용'된다.

그러므로 여성이 남성보다 더 고통스럽게 나이 듦을 경험하는 이유는 단순히 여성이 남성보다 더 자기 외모에 신경 쓰기 때문이 아니다. 남성도 자기 외모를 신경 쓰고 매력적으로 보이길 원하지만, 남성의 일은 주로 어떻게 보이느냐보다는 무엇이 되고 무엇을 하느냐이고, 외모의 기준은 훨씬 덜 가혹하다. 이 사회가 남성에게 제시하는 매력적인 외모의 기준은 관대한 편이고, '자연스러운 것'과 일치한다. 따라서 대다수 남성이 거의 평생 그 기준을 달성한다. 반면 여성의 외모 기준은 자연에 반하고, 그 기준에 조금이라도 가까워지려면 상당한 노력과 시간을 쏟아부어야 한다. 여성은 반드시 아름다워지려고 노력해야 한다. 적어도 여성은 추해서는 안 된다는 사회적 중압감에 짓눌린다. 여성의 운명은 남성보다 훨씬 더, 최소한 '그럭저럭 괜찮은' 외모인가에 좌우된다. 남성은 이런 압박을 느끼지 않는다. 남성에게 잘생긴 외모는 보너스이지, 평범한 자존감을 유지하는 데 반드시 필요한 요소는 아니다.

나이 듦에 있어서 여성이 남성보다 훨씬 불리하다는 사실 뒤에는, 적어도 이 문화에 속한 사람들이 추한 남성보다 추한 여성을 더 못 견딘다는 사실이 있다. 추한 여성은 그저 불쾌하기만 한 것이 아니다. 모두가, 남성뿐만 아니라 여성까지도, 추한 여성을 보고 희미한 당혹감을 느낀다. 여성의 얼굴에 있으면 추하다고 여겨지는 많은 특징이나 잡티가 남성의 얼굴에서는 아무렇지 않게 용인된다. 나는 그 이유가 그저 남성과 여성의 미적 기준이 다르기 때문이 아니라, 여성에게 제시되는 기준이 남성의 기준보다 훨씬 높고 세밀하기 때문이라고 주장하려 한다.

이 사회에서 여성의 본분으로 간주하는 아름다움은 여성이 예속되는 장이다. 여성의 아름다움에는 오직 **소녀**의 아름다움이라는 한 가지 기준만 허용된다. 남성이 누리는 크나큰 이점은, 우리 문화가 **소년**의 아름다움과 **남성**의 아름다움이라는 두 가지 기준을 허용한다는 것이다. 소년의 아름다움은 소녀의 아름다움과 유사하다. 두 성별 모두 이 시기의 아름다움은 연약하며, 오로지 생애 주기의 초반에만 자연스럽게 피어난다. 다행히도 남성은 매력적인 외모의 또 다른 기준, 즉 더 무겁고 거칠고 두툼한 체격 기준에 따라 자신을 수용할 수 있다. 남성은 소년 시절의 매끄럽고 주름 없고 체모 없는 피부를 잃었다고 비통해하지 않는다. 한 가지 형태의 매력을 또 다른 형태의 매력으로, 즉 매일의 면도로 거칠어지고 감정의 흔적과 자연스러운 주름이 보이는 까무잡잡한 남성의 피부로 바꾼 것뿐이기 때문이다. 여성에게는 이런 두 번째 기준이 없다. 여성은 유일한 기준에 따라 반드시 깨끗한 피부를 유지해야 한다. 얼굴의 주름과 선, 흰머리는 모조리 실패다. 소년이 남성으로의 성장을 개의치 않는 것도 당연하다. 이와 달리 많은 여성은 소녀에서 여성으로 넘어가는 시기조차 파멸로 느끼는데, 모든 여성이 계속 소녀처럼 보이길 바라도록 길러지기 때문이다.

나이 든 아름다운 여성이 없다는 말이 아니다. 그러나 모든 연령대의 여성에게 아름다움의 기준은 곧 젊은 시절의 외모를 얼마나 오래 유지하느냐, 또는 젊어 보이는 데 얼마나 성공하느냐다. 이례적으로 60대에도 아름다운 여성은 분명 유전자의 덕을 크게 본 것이다. 동안인 외모도 예쁜 외모처럼 집안 내력인 경우가 많다. 그러나 자연이 주는 선물은 좀처럼 우리 문화의 기준에 부합할 만큼 충분하지 않다. 노화를 성공적으로 미룬 여성은 대부분 부유하며, 자연의 선물과 더불어 무제한의 여유를 누리며 본인을 가꾸는 데 전념한다. 여배우가 종종 그러하다. (즉, 모든 여성이 아마추어로 배워서 하는 일을 고액의 보수를 받으며 수행하는 전문가다.) 메이 웨스트와 디트리히, 스텔라 애들러, 돌로레스 델 리오 같은 여성들은 여성의 아름다움과 나이에 관한 규칙에 도전하지 않는다. 이들은 **극히** 이례적인 사례이기 때문에, 자연을 이기는 데 성공했다는(적어도 사진에서는 그렇게 보인다는) 바로 그 이유로 칭송받는다. 이러한 기적은, 즉 자연이 (기술과 사회적 특권의 도움을 받아) 만든 이례적 사례는 규칙을 강화할 뿐이다. 그 여성들이 아름다워 보이는 이유는 그들이 제 나이로 보이지 않아서다. 사회는 실제로 나이 들어 보이는 아름답고 나이 든 여성이 우리의 상상 속에 살아 숨 쉬는 걸 허용하지 않는다. 프랑스 남부에 있는 자기 사유지의 야외에서 반바지와 샌들만 신고 사진을 찍은 아흔 살의 피카소 같은 여성은 없다. 누구도 그런 여성이 존재하리라 상상하지 않는다. 이례적 사례인 메이 웨스트 같은 배우들조차 늘 실내에서 옷을 완벽하고 아름답게 갖춰 입고 제대로 조명을 비춘 뒤 가장 돋보이는 각도로 사진을 찍는다. 즉, 자세히 뜯어보면 이들도 아름답지 않다는 뜻이다. 수영복을 입은 노인 여성이 매력적이라거나, 그게 아니라면 그럭저럭 봐줄 만하다는 생각은 떠올릴 수조차 없다. 노인 여성은 당연히 성적으로 거부감을 일으킨다. 실제로 전혀 안 늙어 보이는 게 아니라면 말이다. 노인 남성의 몸과 달리 언제나 노인 여성의 몸은 더 이상 드러내거나 내놓거나 벗을 수 없는 몸으로 여겨진다. 기껏해야 치장한 채로 나타날 수 있을 뿐이다. 그러나 그때도 사람들은 노인 여성의 가면이 떨어지거나 그 여성이 옷을 벗으면 자신이 무엇을 보게 될지 상상하며 불편해한다.

그러므로 여성이 옷을 차려입고 화장하고 머리를 염색하고 속성 다이어트를 하고 주름 제거 수술을 받는 이유는 매력적으로 보이기 위해서만이 아니다. 이는 여성을 향한 심각한 수준의 반감, 혐오의 형태로 나타날 수 있는 그 반감으로부터 자신을 보호하는 방법이다. 나이 듦에 관한 이중 잣대는 여성의 삶을, 그저 매력 없는 것이 아니라 역겨운 상태로 향하는 가차 없는 행진으로 탈바꿈한다. 여성의 삶에서 가장 극심하게 두려운 순간은 **노년**Old Age이라는 이름으로 불리는 로댕의 조각상 〈나이 든 창부The Old

Courtesan〉에 잘 묘사되어 있다. 벌거벗은 노인 여성이 자리에 걸터앉아 자신의 납작하고 축 늘어지고 망가진 몸을 애처롭게 바라본다. 여성의 노화는 성적으로 서서히 불쾌해지는 과정이다. 나이 든 여성의 힘없이 처진 가슴, 주름진 목, 검버섯 핀 손, 가늘고 흰 머리카락, 허리선이 사라진 상체, 핏줄이 툭 튀어나온 다리가 불쾌함을 일으키기 때문이다. 우리의 가장 끔찍한 상상 속에서는 이러한 변화가 절망적일 만큼 빠르게 발생할 수 있다. 마치 영화 〈잃어버린 지평선Lost Horizon〉의 말미에서 젊고 아름다운 소녀가 연인과 함께 샹그릴라를 빠져나오다 몇 분 만에 말라빠진 역겨운 노파로 변하는 것처럼 말이다. 남성에게는 이와 같은 악몽이 없다. 그렇기에 남성은 자기 외모를 아무리 염려하더라도 결코 여성만큼 절박할 수는 없다. 남성이 유행하는 옷을 입거나 심지어 화장품을 사용하더라도, 그들이 옷과 화장품에서 기대하는 바는 여성과 다르다. 남성이 사용하는 얼굴 로션이나 향수나 데오도란트나 헤어스프레이는 위장의 수단이 아니다. 남성은 인간men이므로, 반감을 일으키는 노화의 징후를 막고, 성적으로 너무 일찍 퇴화하지 않도록 선수를 치고, 노화의 불쾌함을 감추기 위해 자신을 위장할 필요를 못 느낀다. 남성은 우리 문화가 (매끄럽고 앳되고 탄탄하고 냄새나지 않고 잡티 없는 몸을 제외한) 여성의 몸에 노골적으로 표현하는 혐오의 대상이 되지 않는다.

  여성에게 가장 가혹한 태도 중 하나는 나이 드는 여성의 육체에 본능적 공포를 느끼는 것이다. 이러한 공포는 우리 문화

깊숙이 자리 잡은 여성을 향한 근본적 두려움, 암여우와 여장부, 요부, 마녀 같은 신화 속 인물로 드러나는 여성 악마론을 보여준다. 수 세기 동안 지속되며 서구 역사에서 가장 잔인한 학살 중 하나의 원인이 된 마녀 공포증은 이러한 공포의 가장 극단적인 형태를 시사한다. 노인 여성에게 느끼는 역겨움은 우리 문화에 가장 깊숙이 자리 잡은 미적·성적 감정 중 하나다. 여성도 남성만큼이나 이런 역겨움을 느낀다. (억압자는 대체로 피억압자 '고유의' 미적 기준을 부정한다. 피억압자는 결국 자신이 **실제로** 추하다고 믿는다.) 이렇게 여성혐오적인 미의 개념 때문에 여성이 심리적으로 크게 훼손되는 현실은, 지금까지도 아름다움을 곧 하얀 피부로 정의하는 사회에서 흑인이 추한 존재가 되는 것과 유사하다. 몇 년 전 미국에 거주하는 흑인 어린이에게 심리 검사를 실행한 결과 이 아이들이 매우 어린 시기에 철저하게 백인의 외모 기준을 습득한다는 사실이 드러났다. 사실상 거의 모든 어린이가 흑인은 추하고, 웃기게 생겼고, 더럽고, 짐승 같은 존재임을 암시하는 공상을 표현했다. 이와 유사한 자기혐오가 대다수 여성에게 주입된다. 남성처럼 여성도 노인 남성보다 노인 여성이 더 '추하다'고 생각한다.

      이런 미적 금기는 성에 관한 태도에서 인종적 금기와 유사한 기능을 한다. 이 사회의 구성원 대다수가 젊은 남성과 섹스하는 중년 여성을 상상하면 자기도 모르게 본능적인 혐오감을 느낀다. 많은 백인이 흑인과 한 침대에 누운 백인 여성을 생각하며 몸을 움찔하는 것과 비슷하다. 쉰 살 남성이 마흔다섯 살 아내를 떠나 스물여덟 살짜리 여자친구를 만나는 진부한 사건은, 사람들이 버려진 아내를 동정할지는 몰라도 엄밀히 말해 성적 분노를 일으키지는 않는다. 오히려 반대로 모두가 이 사건을 '이해'한다. 남자가 어린 여자를 좋아한다는 것을, 젊은 여자가 종종 중년 남성을 원한다는 것을 모두가 안다. 그러나 반대의 상황은 그 누구도 '이해'하지 못한다. 쉰 살인 남편을 떠나 스물여덟 살의 연인을 만나는 마흔다섯 살 여성은 깊은 감정을 건드리는 사회적·성적 스캔들의 주인공이 된다. 남성이 여성보다 스무 살 이상 많은 커플을 보고 이의를 제기하는 사람은 아무도 없다. 영화에서는 조앤 드루와 존 웨인이, 매릴린 먼로와 조지프 코튼이, 오드리 헵번과 캐리 그랜트가, 제인 폰다와 이브 몽탕이, 카트린 드뇌브와 마르첼로 마스트로이안니가 커플이 된다. 현실에서와 마찬가지로 이들은 전적으로 타당하고 매력적인 커플이다. 그러나 나이 차가 반대가 되면 사람들은 당황하고 난처해하며 크나큰 충격에 휩싸인다. (영화 〈고엽Autumn Leaves〉 속의 조앤 크로포드와 클리프 로버트슨을 기억하는가? 그러나 이런 사랑 이야기는 사람들을 너무 불편하게 만들기에 영화에 잘 등장하지 않으며, 나온다 해도 우울한 실패의 역사로 그려진다.) 사람들은 40대 여성과 20대 남성, 또는 50대 여성과 30대 남성이 결혼하는 이유가, 신랑이 아내가 아닌 엄마를 원하기 때문이라고 생각한다. 이 결혼이 지속되리라 믿는 사람은 아무도 없다. 여성이 자기 아빠뻘 되는 남성에게 성적·낭만적으로 끌리는 것은 정상으로 여겨진다. 자기 엄마뻘 되는 여성과 사랑에 빠지는 남성은 그 여성이 아무리 매력적일지라도 가벼운 경멸의 대상이 되거나, 그게 아니라면 극도의 신경증 환자('오이디푸스기에 고착된 환자'가 유행하는 꼬리표다)로 취급받는다.

커플의 나이 차이가 클수록 여성을 향한 편견은 더 뚜렷해진다. 윌리엄 더글러스 판사나 피카소, 스트롬 서먼드 상원의원, 그리스의 선박왕 오나시스, 채플린, 첼리스트 파블로 카살스의 경우처럼 나이 든 남자가 자기보다 서른 살, 마흔 살, 쉰 살 어린 여자와 결혼하면 사람들은 놀라거나 어쩌면 지나치다고 생각할 수 있지만, 그건 여전히 있을 수 있는 일이다. 이런 결혼의 이유를 설명하기 위해 사람들은 (부러워하며) 그 남자가 특별히 정력이 넘치고 매력적이라고 말한다. 남자가 잘생기지는 않았지만 유명하기에, 그 명성이 남자의 매력을 한층 끌어올렸다고 생각한다. 사람들은 젊은 아내가 나이 많은 남편의 성취를 존경하며 기꺼이 그의 조력자가 되리라 상상한다. 남성에게 만혼은 언제나 좋은 자기 홍보 수단이다. 만혼은 그가 여전히 건재하다는 인상을 풍기고, 사람들은 이런 여전한 활력이 그의 예술이나 사업 활동, 정치 커리어에도 도움이 되리라고 생각한다. 그러나 젊은 남성과 결혼한 나이 든 여성에게는 꽤 다른 반응이 돌아온다. 그 여성은 강력한 금기를 깼고, 그 용기를 인정받지도 못한다. 활력을 칭송받기는커녕, 아마 탐욕스럽고, 고집스럽고, 이기적이고, 과시적이라고 비난받을 것이다. 동시에 동정을 사기도 할 텐데, 그런 결혼은 '여자가 노망이 들었다'는 증거로 여겨지기 때문이다. 만약 여성이 직업이 있거나 사업을 하거나 공직에 있다면 순식간에 비난의 물결에 휩싸일 것이다. 그는 전문가로서의 신용을 잃게 되는데, 사람들은 젊은 남편이 나이 많은 아내에게 과도한 입김을 행사할지도 모른다고 의심하기 때문이다. 여성의 '신뢰도'는 확실히 손상된다. 실제로 말년에나마 감히 자기보다 훨씬 어린 남자를 만난, 내가 떠올릴 수 있는 유명한 노인 여성들(조지 엘리엇, 콜레트, 에디트 피아프)은 전부 예술가나 연예인처럼 사회에서 스캔들을 일으켜도 된다는 특별 허가를 받은 부류에 속했다. 늙은 여성이 자신이 젊은 남성을 만나기엔 너무 추하다는 사실을 무시하는 것은 스캔들이다. 여성의 매력을 결정하는 것은 외모와 특정한 신체 상태이지, 재능이나 욕구가 아니다. 여성은 '권력'이 있어서는 안 된다. 나이 든 여성과 젊은 남성의 결혼은 두 성별의 관계에 관한 기본 원칙, 즉 관계의 외형이 어떻든 반드시 남성이 더 우위에 있어야 한다는 규칙을 뒤엎는다. 남성의 요구가 우선이다. 여성은 남성의 협력자이자 동반자이지, 완전히 대등해서는 안 되며, 절대로 남성보다 우월해서는 안 된다. 여성은 영원히 '열등한' 상태로 남아야 한다.

아내가 반드시 남편보다 어려야 한다는 통념은 여성의 '열등한' 지위를 강제하는데, 어떤 관계에서든 연상이라는 사실은 늘 어느 정도의 힘과 권위를 제공하기 때문이다. 물론 이 사안에 정해진 법칙 같은 것은 없다. 사람들이 통념을 따르는 이유는, 그렇게 하지 않으면 자신이 불쾌하거나 고약한 짓을 하고 있다는 느낌이 들기 때문이다. 남성이 여성보다 연상인 결혼의 미적 정당성은 모두가 직감한다. 반대로 여성이 연상인 결혼은 하나같이 수상쩍거나 덜 만족스러운 심상을 일으킨다. 여성이 특정한 미적 요건을 충족할 때 발생하는 시각적 즐거움에 모두가 중독되어 있고, 남성은 이 요건에서 면제된다. 그 결과 여성은 젊어 보이는 외모를 유지하려고 계속 노력하는 한편, 남성은 마음껏 나이 들 수 있다. 모든 사람이 여성에게 나타나는 노화의 징후를 거의 무의식적으로 더 불쾌해하고, 이러한 불쾌함 때문에 나이 든 여성이 훨씬 어린 남성과 결혼할 가능성에는 반사적으로 몸서리를 친다. 여성이 평생 열등한 위치에 머무는 상황은 대체로 이렇게 통념에 순응하는 무분별한 선호 때문에 발생한다. 그러나 취향은 자유로운 선택이 아니며, 그 판단은 결코 '자연스럽지' 않다. 취향의 규칙이 권력 구조를 강제한다. 사람들이 나이 든 여성에게 느끼는 혐오는 여성을 기존의 지위에 가두는 억압적 구조(종종 기사도 정신으로 위장된다)의 최전선이다.

여성에게는 유순함이 이상적인 태도로 제시되는데, 즉 온전한 어른으로 존재해서는 안 된다는 뜻이다. 보통 '여성스럽다'고 추켜세우는 대다수 자질은 그저 애 같고 미성숙하고 나약한 행동일 뿐이다. 그렇게 낮고 모욕적인 성취의 기준이 제시된다는 것 자체가 심각한 형태의 억압이며, 일종의 정신적 신식민주의와 마찬가지다. 그러나 여성은 남성의 우위를 보장하는 가치들 때문에 하대당하기만 하는 것이 아니다. 여성은 거부당한다. 아마도 남성이 여성을 너무 오랜 세월 억압했기 때문에, 정말로 여성을 **좋아하는** 남성은 드물며(남성이 여성 개개인을 사랑하기는 하지만), 여성과 함께 있을 때 정말로 편안해하는 남성도 드물다. 이런 불편함이 발생하는 이유는 두 성별의 관계가 위선으로 가득하기 때문이다. 남성은 자신이 우위에 있으므로 존경할 수 없는 사람을 사랑하는 데 간신히 성공한다. 억압자는 언제나 자신이 억압하는 사람이 더 하등한 문명에 속해 있다거나 결코 온전한 '인간'이 아니라는 생각으로 자신의 특권과 만행을 합리화하려 한다. 평범한 인간의 존엄성을 일부 박탈당한 피억압자는 어떤 '악마적' 특성을 띤다. 대규모의 집단적 억압은 인간 정신의 깊은 곳에 뿌리내린 뒤 어느 정도 무의식적인 두려움과 금기, 불쾌하다는 감각을 통해 계속 갱신된다. 그러므로 여성은 남성에게 욕망과 애정뿐만 아니라 혐오감을 일으킨다. 여성은 철저하게 길든 존재다. 그러나 특정 시기와 상황에서 여성은 만지고 싶지 않은 낯선 존재가 된다. 남성이 느끼는 혐오감은 대체로 잘 숨겨지지만, 이 혐오감이 거의 억제되지 않고 가장 솔직하게 느껴지는 대상은 '미적으로' 가장 금기시되는 유형의 여성, 노화가 일으킨 자연스러운 변화 때문에 불쾌해진 여성이다.

여성이 나이 들면서 경험하는 특수한 고통과 혼란, 부정직한 태도만큼 여성의 취약함을 명확하게 보여주는 것은 없다. '그저' 여성으로서가 아니라 온전한 인간 존재로 대우받기 위해 (그리고 스스로를 대우하기 위해) 일부 여성이 모든 여성을 대신해 벌이는 투쟁에서, 가장 첫 번째로 기대할 수 있는 일은 본인이 너무나도 가혹하게 경험하는 나이 듦의 이중 잣대를 먼저 분연히 인식하는 것이다.

여성이 종종 자기 나이를 속이고 싶은 유혹에 굴복하는 것도 이해가 간다. 사회의 이중 잣대를 고려하면, 여성에게 나이를 묻는 것은 실제로 공격적인 행동이거나 함정인 경우가 많다. 거짓말은 기본적인 자기방어 수단이자 일시적으로나마 함정에서 기어 나오는 방법이다. "어느 정도 나이가 있는" 여성이 (자연의 관대한 선물이나 교묘한 기술 덕분에 실제보다 더 어려 보일 수 있을 때) 자기 나이를 정확하게 말하리라 기대하는 것은, 땅 주인이 자기가 파는 땅이 사실 구매자가 내려는 금액보다 값어치가 낮다는 사실을 인정하리라 기대하는 것과 같다. 나이 듦에 관한 이중 잣대는 여성을 재산으로, 달력이 넘어갈수록 값어치가 가파르게 떨어지는 물건으로 만든다.

나이 드는 여성에게 점점 쌓여가는 편견은 남성 특권의 중요한 무기다. 여성에게는 없는 나이 들 자유가 남성에게만 주어지는 이유는 현재 두 성별 사이에서 성인의 역할이 불공평하게 분배되기 때문이다. '남성적인' 역할이 구애의 주도권을 부여하기에 남성은 나이 듦의 이중 잣대를 적극 집행할 수 있다. 남성은 선택하고, 여성은 선택받는다. 그러므로 남성은 더 어린 여성을 선택한다. 그러나 이런 불공평한 시스템을 가동하는 쪽이 남성이라 해도,

여성이 순순히 따르지 않는다면 이 시스템은 유지될 수 없다. 여성은 안일함과 괴로움, 거짓말로 이 시스템을 강력하게 보강한다.

여성이 남성보다 자기 나이를 더 많이 속이기도 하지만, 남성이 그 거짓말을 용서함으로써 자신의 우월함을 확인하기도 한다. 자기 나이를 속이는 남자는 나약하고 '남자답지 못한' 것으로 여겨진다. 그러나 자기 나이를 속이는 여성은 그럭저럭 용인되는 '여성스러운' 방식으로 행동한 것일 뿐이다. 남성은 여성의 사소한 거짓말을 관대하게 넘기는데, 이는 남성이 여성을 아랫사람 보듯 하며 모든 행동을 다 받아주는 여러 방식 중 하나다. 여성이 나이를 속이는 것은 여성이 종종 약속에 늦는 것과 똑같이 도덕적으로 큰 문제가 아니다. 여성은 정직하거나 시간을 지키거나 기계를 능숙하게 다루고 수리하거나 검소하거나 신체적으로 용감하리라 기대되지 않는다. 여성은 2등 성인이 되리라 기대되며, 감사해하며 남성에게 의존하는 것이 이들의 자연스러운 상태다. 실제로 여성은 그런 경우가 많은데, 그렇게 되도록 키워졌기 때문이다. 여성이 '여성스러운' 행동의 고정관념을 주의 깊게 따르는 한, 완전히 책임감 있고 독립적인 성인 구실을 하는 것은 **불가능**하다.

나이 듦에 관한 이중 잣대에서 드러나는 여성을 향한 경멸을 대다수 여성이 공유하기에, 여성은 자신에게 자부심이 부족하다는 사실을 당연하게 여긴다. 여성은 자신의 가면과 미소, 사랑스러운 거짓말로 스스로 보호하는 데 너무 오랜 세월 익숙해졌다. 여성은 이런 보호책 없이는 자신이 더욱 취약해지리란 걸 안다.

그러나 여성으로서의 자신을 보호할 때, 이들은 성인으로서의 자신을 배반한다. 여성의 삶에서 발생하는 전형적인 도덕적 타락이 바로 자기 나이를 부정하는 것이다. 그렇게 할 때 여성은 자신에게 감옥 속의 안전과 특권을 제공하는 대신 자신을 탄압하고 실질적 불만족을 일으키는 그 모든 그릇된 통념에 상징적으로 동의하는 것과 같다. 여성은 나이를 속일 때마다 자기 자신을 온전한 인간이 되지 못하도록 막는 공범이 된다.

여성에게는 또 다른 선택지가 있다. 여성은 그저 친절한 것이 아니라 현명해지기를 염원할 수 있다. 그저 쓸모 있는 것이 아니라 유능해지기를, 그저 우아한 것이 아니라 강해지기를 원할 수 있다. 그저 남자와 자녀를 위해서가 아니라 자기 자신을 위해 야심을 품을 수 있다. 여성은 부끄러워하지 않고 자연스럽게 나이 들며 이 사회의 나이 듦의 이중 잣대에서 비롯된 통념에 적극적으로 불복하고 저항할 수 있다. 가능한 한 오래 소녀로 살다가 굴욕적으로 중년 여성이 되고 그러다 불쾌한 노인 여성이 되는 대신, 더욱 일찍 여성이 되어 계속 능동적인 성인으로 남을 수 있고, 여성이 누릴 수 있는 긴 성생활을 훨씬 오래 즐길 수 있다. 여성은 얼굴에서 자신이 살아온 삶이 드러나게 해야 한다. 여성은 진실을 말해야 한다. (1972)

여성이라는 제3세계

《파르티잔 리뷰》(1973)에 '여성이라는 제3세계'를 게재하며

수전 손택이 남긴 말

다음 글은 1972년 7월에 작성한 것으로, 느슨하게 마르크스주의를 지향하며 파리에서 스페인어로 편집해 발간하는 정치문학 계간지 《리브레》의 편집자들이 나와 (시몬 드 보부아르 및 이탈리아 공산당 의원 로사나 로산다Rossana Rossanda를 비롯한) 다섯 명의 여성에게 보낸 질문에 응한 것이다. 이 글은 스페인 소설가 후안 고이티솔로Juan Goytisolo가 번역하여 《리브레》 1972년 10월 호 3권에 게재되었다. 《리브레》의 독자 대다수가 라틴아메리카에 거주하기에 글의 의미가 명백하게 드러나도록 애썼다. 또한, 이 글을 읽는 독자들이 혁명적 사회주의 관점을 진지하게 고려하거나 최소한 토론 거리로 삼을 것이라는 가정하에 글을 썼다. 미국에서는 현재 전투적 페미니즘이 어느 곳보다도 더 활발하고 널리 알려졌지만, 토론의 내용이 근본적인 질문에서 점점 멀어지는 경향이 있고 마르크스주의적 분석을 암시하는 경우도 드물다. 그러나 여전히 모든 지역이 정치적 관점을 형성하는 초기 단계에 있으므로, 성격이 완전히 다른 독자를 대상으로 쓴 글을 이곳(《파르티잔 리뷰》)에 싣는 것이 부적절하지 않으리라고 본다.

다음 몇 문단은 일종의 프롤로그이자, 질문지에 없는 더 일반적인 질문에 대한 대답이다. 그 질문은 다음과 같다. **여성 해방 투쟁은 현재 어느 단계에 있는가?**

수천 년간 사실상 전 세계 모두가 어떤 사람은 더 우월하고(그러므로 주인이 되어야 하고) 어떤 사람은 더 열등한(그러므로 노예가 되어야 하는) 것이 인간종의 '본성'이라고 생각했다. 노예 제도가 '자연스럽지' 않다는 것, 명백히 비굴하거나 문화적으로 뒤떨어진 노예의 특성이 그들이 노예가 되어야 마땅하다는 사실을 증명하는 게 아니라, 그들이 노예라는 사실, 노예가 되도록 키워졌다는 사실에서 비롯되었을 수 있다는 것을 지배계급 일부가 의심하기 시작한 게 겨우 150년 전의 일이다.

오늘날 여성 해방을 지지하는 수준은 2세기 전 노예 해방을 지지하던 수준과 비슷하다. 수천 년간 노예제가 아무 의심 없이 받아들여졌듯, 해묵은 여성 억압은 불평등이 인간종의 '자연스러운' 특성이라는 주장으로 합리화되고, 이 세계를 살아가는 압도적 다수가 (남성뿐만 아니라 여성도) 여성은 남성과 '본성'이 다르며 이 '자연스러운' 차이 때문에 여성이 열등해지는 것이라 여전히 굳게 믿고 있다.

도시화된 국가의 교육받은 사람들, 특히 자신을 진보주의자나 사회주의자로 여기는 사람들은, 본인은 이런 차이 때문에 여성이 열등해진다고 생각하지 않는다고 말한다. 그들은 여성과 남성이 다르다는 사실이 곧 여성과 남성이 동등하지 않다는 뜻은 아니라고 주장한다. 이 주장은 한때 학교에서의 합법적 인종 차별을 옹호하는 데 사용된 '분리는 하지만 동등하다'라는 주장만큼이나 부정직하다. 소위 타고난다는 남녀 간 차이의 구체적 내용을 보면, 여성보다 남성에게 더 존중할 만한 자질을 부여하는 가치 체계가 드러나기 때문이다. '남성성'은 유능함과 자율성, 자제력, 야망, 모험심, 독립심, 합리성과 동일시된다. '여성성'은 무능함과 무력함, 비합리성, 수동성, 경쟁심 없음, 친절함과 동일시된다. 여성은 2등 성인이 되도록 훈련되며, 보통 '여성스럽다'고 추켜세우는 행동은 대부분 그저 애 같고 비굴하고 나약하고 미성숙한 행동일 뿐이다. 남자들이 여성을 자신과 완전히 동등한 존재로 받아들이길 주저하는 것도 놀랍지 않다. **차이여 영원하라!**

여성은 정직하거나 시간을 지키거나 기계를 능숙하게 다

루고 수리하거나 검소하거나 근육질이거나 신체적으로 용감하리라 기대되지 않으므로, 실제 그러한 여성들은 전부 예외가 된다. 모든 세대에서 스스로 특별한 지위를 획득하는 천재적인 여성(또는 최소한 억제할 수 없을 만큼 기이한 여성)이 배출된다. 그러나 쯩 자매Trưng sisters(1세기에 한나라의 식민 지배를 받던 베트남에서 봉기를 일으킨 자매—옮긴이)와 잔 다르크, 성 테레사, 마드모아젤 모팽Mademoiselle Maupin(결투사였던 프랑스의 오페라 가수—옮긴이), 작가 조지 엘리엇, 루이즈 미셸Louise Michel(파리 코뮌에서 정부군에 맞서 무장 투쟁을 벌인 여성운동가—옮긴이), 해리엇 터브먼Harriet Tubman(남북전쟁 당시 북군 스파이로 활동한 인권운동가—옮긴이), 이자벨 에버하르트Isabelle Eberhardt(스위스의 모험가이자 르포 작가—옮긴이), 마리 퀴리, 로자 룩셈부르크, 어밀리아 에어하트Amelia Earhart(여성 최초로 대서양 횡단 비행에 성공한 비행사—옮긴이)를 비롯해 이 작은 무리에 속한 인물들이 역사에 남은 이유는 보통 여성에게 없는 자질을 소유했기 때문이라고 여겨진다. 이러한 여성들은 '남성적' 에너지, 지성, 고집, 용기를 지녔다고 평가받는다. 남달리 유능하고 진실로 독립적인 여성들의 사례는 여성이 열등하다는 일반적 추정을 뒤흔들지 않는데, 교양 있는 로마의 노예 소유주가 지적으로 유능한 노예를 발견하고도(또는 그들을 친절하게 대하면서도) 노예제의 자연스러움을 의심하지 않는 것과 마찬가지다. '자연스러움'에서 비롯된 주장은 자기 확신적이다. 이 주장을 뒷받침하지 않는 개개인의 삶은 늘 예외로 취급되고, 이로써 고정관념은 온전히 유지된다.

역사적으로, 아니 역사 이전부터, 여성 억압은 여성의 특수한 생물학적 책임인 출산을 보장하려는 실용적 방안에서 비롯되었을 것이다. 심리적이고 정치적이며 경제적이고 문화적인 정교한 여성 억압의 형태는 전부 생물학적 노동 분업으로 거슬러 올라간다. 그러나 여성이 남성과 달리 아이를 낳을 수 있다는 사실은 결코 여성과 남성이 근본적으로 다르다는 증거가 되지 못한다. 오히려 이 사실은 이른바 그 차이의 '자연적' 증거가 얼마나 빈약한지를 보여주는데도, 이 차이를 근거로 여성의 생식 생리는 평생의 사명으로 바뀌고 여성에겐 이에 걸맞은 편협한 성격 및 기질 규범이 부여된다. 그러나 이 생리적 '본성'조차 늘 똑같은 불변의 사실이 아니다. 이 역시 역사의 일부이며, 역사와 함께 진화한다. 만약 여성과 남성의 모든 차이가 결국 여성이 애를 낳느라 바쁘다는 사실에서 비롯된다면, 그간 그 사명을 실천하는 환경은 크게 변화했다. 지금껏 '자연'이 여성의 예속에 구실을 제공했다면, 이제는 역사가 여성의 사회적·심리적 해방에 객관적 조건을 제공한다. 여성과 남성의 생리학적 차이가 점점 중요성을 잃고 있기 때문이다.

산업혁명은 노예제를 재고할 물질적 기반을 마련했다. 무급 노동보다 더 생산적이고 효율적인 기계가 발명되자 사람들을 법적 노예 신세에서 해방하는 게 합리적 결정이 되었기 때문이다. 오늘날에는 생태적 전환점(길어진 수명, 폭발적인 인구 증가, 천연자원의 급속한 고갈) 때문에 대다수 여성이 가장 최소한의 생물학적 책임을 제외하면 완전히 해방되는 것이 가능해졌을 뿐만 아니라 궁극적으로 불가피해졌다. 출산 횟수가 2번이나 1번, 또는 0번으로 줄어들면(역사상 처음으로 아기가 모두 살아남아 성인이 될 가능성이 매우 커졌으므로), 여성이 순종적이고 가정적이며 주로 자녀를 양육하는 존재라는 여성의 억압적 정의를 뒷받침하는 근거가 무너진다. 산업혁명으로 사람들이 노예제의 '자연스러움'을 재고하게 되었듯이, 지구가 20세기 중반에 들어서고 새로운 생태학적 시기가 시작되면서 사람들은 지금껏 자명했던 '여성성'을 재고하고 있다. '여성성'과 '남성성'은 도덕적으로도 문제가 있고 역사적으로도 한물간 개념이다. 내게 여성 해방은 노예제 폐지만큼이나 역사적 필연처럼 보인다. 여성 해방은 노예제 폐지와 마찬가지로 정말 승리를 거두기 전까지는 가망 없는 목표처럼 보이지만, 정신적·역사적 결과의 측면에서는 노예제 폐지보다 더욱 중대하다.

    그러나 여성 억압이 시대착오적이라 해도, '혁명적'이라는 수식어에 걸맞은 힘겨운 투쟁이 없다면 여성은 해방되지 않을 것이다. 이 혁명은 반드시 급진적인 동시에 보수적이어야 한다. 이 혁명은 자본주의를 자처하는 국가들과 공산주의를 열망하는 국가들이 똑같이 열정적으로 공유하는 무한 성장 이념(계속해서 증가하는 생산성과 소비, 무한한 환경 파괴)을 거부한다는 의미에서 보수적이다. 또한 이 혁명은 자본주의 국가와 공산주의 국가에 공통으로 해당하는 권위주의적 도덕 관습에 도전하고 이를 개조한다는 의미에서 급진적이다. 여성 해방은 이 새로운 혁명의 과정에서 가장 급진적인 부분이다.

나는 현대의 모든 공인된 혁명 전통에 반대하며, 과거에 '여성 문제'라 불렸던 것이 단순히 존재할 뿐만 아니라 정치적 급진주의자들이 일반적으로 제기하는 문제와 독립적으로 존재한다고 주장하려 한다. 마르크스와 엥겔스, 레닌, 트로츠키, 룩셈부르크, 그람시는 여성 억압이 별개의 문제가 아니라 계급 투쟁에 흡수되어 사회주의의 탄생으로 마침내 해결될 문제라고 본다. 나는 이에 동의하지 않는다. 실제로는, 어느 정도 마르크스의 발자취를 따른다고 주장하는 그 어떤 정부도 여성의 처지를 재고하지 않았다. 오히려 모든 공산주의 국가가 교육과 직업 활동, 이혼의 접근성을 높이는 등 그저 여성이 처한 환경을 진보적으로 개선하는 데 만족하면서, 남성이 정치권력을 압도적으로 독점하는 현실을 그대로 보존하고 두 성별 간의 사적 관계를 특징짓는 억압적 구조를 그대로 놔두고 있다. 그러나 혁명적 좌파 정부가 집권한 모든 국가에서 여성을 위한 '급진적' 조치를 전혀 취하지 않았다는 주목할 만한 사실은 그리 놀라운 일이 아니다. 여성 해방을 지지하는 주요 프롤레타리아 혁명 이론가들이 내놓은 여러 교훈적인 선언 중에 이 문제의 진정한 복잡성을 파악한 것은 하나도 없다. 마르크스주의자들이 제국주의 타도에 나설 때 인종 차별의 깊이를 제대로 평가하지 못했듯 그들은 성차별의 깊이 역시 제대로 평가하지 못하고 있다.

이제 질문에 대한 답변으로 넘어가 보자.

당신에게 여성 해방은 어떤 의미인가?

요즘 남성이 해방되지 않으면 여성도 해방될 수 없다는 말이 종종 들린다. 이 클리셰는 어느 정도까지는 사실이다. 여성과 남성은 궁극적 목표가 같은데, 바로 진정한 자율성을 획득하는 것이다. 즉, 소외와 억압에 기초하지 않은 사회에 참여할 수 있어야 (그리고 그 사회와 거리를 둘 수 있어야) 한다는 뜻이다. 그러나 한편 이 클리셰는 위험하다. 여성 해방 투쟁에 단계가 있음을 은연중에 부정하기 때문이다. 어느 정도 진실인 많은 클리셰와 마찬가지로, 이 클리셰 역시 생각을 무력화하고 분노를 가라앉힌다. 수동적이고 한낱 개선적인 시각으로 문제를 바라보게 한다. (대단히 적절하게도, "여성 해방은 곧 남성 해방이다"는 정교한 자유 자본주의의 틀 안에서 여성의 평등을 확보하겠다며 몹시 피상적인 정책을 펼치는 스웨덴 정부의 공식 슬로건이다.)

이 불완전한 세상을 살아가는 모든 인간에게 해방이 필요하다는 것은 틀림없는 사실이다. 노예뿐만 아니라 주인도, 피억압자뿐만 아니라 억압자도 해방이 필요하다. 그러나 단일하거나 보편적인 방식으로는 공정한 사회를 상상하거나 그런 사회를 쟁취하기 위해 싸울 수 없다. 태국 소작농의 해방은 디트로이트에 사는 백인 공장 노동자의 해방과 똑같지 않다. 여성이 받는 억압은 근본적인 구조의 측면에서 남성이 받는 억압과 유사하지 않다.

남성 해방과 여성 해방이 호혜적 과정의 두 부분이라는 생각은 타당해 보일지언정 전혀 사실이 아니다. 성차별적 고정관념 때문에 남성이 심리적으로 아무리 훼손되더라도, 그 고정관념은 실제로 남성에게 명백한 특권을 부여한다. 남성은 여성보다 가능한 행동 범위가 훨씬 넓으며, 이 세상을 돌아다닐 수 있는 기동성도 월등히 높다. (대부분 지역에서 '세상'에 홀로 나서는 여성은 강간이나 신체적 폭력의 위험을 감수해야 한다는 사실을 생각해보라. 기본적으로 여성은 '집'에 있거나 남성에게 보호받을 때만 안전하다.) 구체적으로 약탈적 폭력을 늘 경계할 필요가 없다는 점에서, 남성은 언제나 여성보다 형편이 낫다. 남성(과 여성)은 다른 남성에게 억압받는다. 그러나 모든 여성은 모든 남성에게 억압받는다.

여성이 해방되면 남성도 해방된다는 클리셰 역시 남성 지배라는 부당한 현실을 뻔뻔하게 모른척한다. 마치 남성 지배가 누가 만든 것도 아니고 누구에게도 편리하지 않으며 누구에게도 유리하게 작용하지 않는 것처럼 말이다. 사실은 정확히 그 반대다. 남성의 여성 지배는 남성에게 이익을 제공하며, 여성이 해방되면 남성 특권이 줄어들 것이다. 어쩌면 그 이후에 좋은 의미에서, 남성 역시 '남성적'이어야 한다는 성가신 의무에서 해방될지도 모른다. 그러나 억압자가 심리적 짐을 내려놓는 것은 매우 다른, 부차적 의미의 해방이다. 최우선순위는 피억압자를 해방하는 것이다. 역사를 들여다보면 억압자의 요구와 피억압자의 요구가 훌륭하게 조화를 이룬 적은 단 한 번도 없다. 이번에도 그렇지 않을 것이다.

모든 여성은 남성이 식민주의자이고 여성이 토착민인 '제국주의적' 상황을 살아간다. 세칭 제3세계 국가들에서 남성과 관련한 여성의 상황은 압제적이고 악랄한 식민주의와 같다. 경제 선진국(자본주의 국가와 공산주의 국가 모두)에서 여성의 상황은 신식민주의와 같다. 여성 차별이 완화되었고, 여성을 향한 물리적 폭력이 감소했으며, 남성의 권한이 일부 위임되었고, 남성의 규칙은 전만큼 공공연하게 제도화되어 있지 않다. 그러나 열등함과 우월함, 무력과 권력, 문화적 미성숙과 문화적 특권이라는 여성과 남성의 기본적 관계는 모든 국가의 사람들 사이에서 여전히 만연하다.

여성 해방을 위한 모든 진지한 계획은 해방이 그저 **평등**('진보적' 개념)의 문제가 아니라는 전제에서 시작해야만 한다. 해방은 **권력**의 문제다. 남성 권력이 약화되지 않는다면 여성은 해방될 수 없다. 여성 해방은 남성이 독점한 권력을 여성에게 이양하는 방식으로 의식과 사회 구조를 바꾸는 것만을 의미하지 않는다. 이로써 권력 자체의 속성까지 변해야 하는데, 유사 이래 권력이 내내 성차별적으로 정의되었기 때문이다. 권력은 공격성과 신체적 강압을 선호하는 규범적이고 소위 선천적인 남성적 취향과 동일시되고, 전쟁과 정부, 종교, 스포츠, 상업의 영역에서 전원 남성으로 구성된 집단의 형식 및 특권과 동일시된다. 권력을 가진 자와 권력의 의미가 변하지 않는다면, 그건 해방이 아닌 진압이다. 피상적인 변화는 기존 권위를 위협하는 분노를 매수한다. 불안정하고 지나치게 억압적인 규칙을 개선하는 것은 (오래된 제국이 식민주의적 형태의 착취를 신식민주의적 형태의 착취로 대체할 때처럼)

실제로 기존의 지배 형태를 재생성하는 역할을 한다.

여성이 남성과 공동 전선을 펴서 상호 해방을 불러와야 한다는 주장은 두 성별 사이의 모든 대화를 결정하는 권력관계의 혹독한 현실을 감춘다. 남성 해방은 여성이 맡을 과제가 아니며, 먼저 여성은 스스로를 해방해야 한다. 즉, 당장 화해라는 꿈에 회유되지 않고 대립의 원인을 살펴야 한다는 뜻이다. 여성은 변화가 남성에게 어떤 영향을 미칠지 걱정하지 않고 스스로를 바꿔야 하고, 서로를 바꿔야 한다. 오로지 여성이 자기 자신을 생각하고 무엇이 남자에게 좋은지를 망각할 때만 여성의 의식이 변화할 것이다. 남성과 협업해서 이러한 변화에 착수할 수 있다는 생각은 여성 투쟁의 범위와 깊이를 축소하고 하찮게 만든다.

여성이 바뀌면 남성도 바뀔 수밖에 없다. 그러나 남성의 변화는 상당한 저항 없이는 발생하지 않을 것이다. 그 어떤 지배계급도 싸우지 않고 자신의 진정한 특권을 먼저 내려놓지 않았다. 이 사회의 구조 자체가 남성의 특권 위에 세워졌고, 남성은 더 인간적이거나 공정한 결정이라는 이유만으로 자신의 특권을 양도하지 않을 것이다. 남성들이 마지못해 양보하며 여성에게 '시민권'을 더 많이 부여할 수는 있다. 오늘날 대다수 국가에서 여성은 투표할 수 있고 고등교육 기관에 다닐 수 있으며 전문직 훈련을 받을 수 있다. 향후 20년 이내에 여성은 동일 노동에 동일 임금을 받고 (피임약에 자유롭게 접근하고 임신 중절을 합법화함으로써) 자기 몸을 더욱 실질적으로 소유할 수 있을 것이다. 그러나 이런 양보는 바람직할지언정 여성을 계속 2등 시민으로 만드는 근본적 태도에 이의를 제기하지도, 남성 특권의 뿌리를 건드리지도 않는다.

진보적이 아니라 급진적인 여성의 지위 변화는 '본성'의 신비를 폐지할 것이다. 여성은 성 정체성과 결부되는 **모든** 고정관념을, 부정적인 것뿐만 아니라 긍정적인 것까지 전부 없애려고 노력해야 한다. (참정권과 계약 체결, 교육 기회, 고용에 관한) 구체적 상황에서의 여성 차별적 법규를 바꾸는 것만으로는 충분하지 않다. 노동 형태와 성적 관습, 가정생활 개념을 바꿔야 하고, 여성을 향한 오랜 편견을 적나라하게 간직하고 있는 언어 자체도 그대로 놔둬선 안 된다. 우리의 생각이 아무리 급진적이어도 언어를 쓸 때마다 남성의 우월함(능동성)과 여성의 열등함(수동성)을 계속 긍정하게 되기 때문이다. 능동적 행위자는 남성으로 추정하는 것이 '문법적으로 옳다'. 문법은 성차별적 세뇌의 궁극적 무대로, 특별한 상황을 제외하면 여성의 존재를 감춘다. 그러므로 우리는 두 성별 중 어느 쪽에도 해당할 수 있는 경우에 **반드시** "he"라고 칭해야 한다. "man"은 일반적으로 모든 인간을 지칭하며, "men"은 문학적으로 사람들을 의미한다. (브레히트의 시구와 한나 아렌트의 저서 제목에 들어 있는 "어두운 시대의 사람들men in dark times"이라는 문장에서 men은 people이라는 뜻이다. 사실 훌륭하고 고결한 이 책에서 아렌트가 다룬 열 명의 인물 중 여성은 두 명이다. 그러나 그중 이자크 디네센Isak Dinesen은 남성적인 필명을 사용했고 또 다른 한 명인 로자 룩셈부르크는 표지의 광고 문구가 새침하게 언급하듯 "이 중 가장 남자다운 사람!"이었다.) 학생과 노동자, 시민, 예술가, 공무원, 운동선수, 기업가 같은 명사를 대신하는 대명사는 'he'다. 물론 'men'을 인류로 간주하고 대다수 인간 활동을 오직 남성과 연관 짓는 편견의 근원이 언어인 것은 아니다. 언어는 그저 역사 내내 팽배했던 성차별적 질서를 드러낼 뿐이다.

소수의 여성이 이미 여성운동을 통해 문법의 성차별적 편견에 불쾌함을 드러내고 있다. 점점 더 많은 사람이 언어의 성차별을 민감하게 느끼도록 하는 것은 (대다수 사람이 최근에야 언어와 예술에서의 인종차별적 클리셰를 의식하게 되었듯이) 중요한 과제다. 더 일반적으로는 모든 차원의 인간적 교류에서 드러나는 심각한 여성혐오를, 법률뿐만 아니라 사소한 일상생활에서도 전부 알아차릴 수 있게 도와야 한다. 일상적 여성혐오는 성 정체성을 양극화하는 예의나 관습의 형태를 띠기도 하고(옷차림이나 제스처 등), 성차별적 고정관념을 영속화하는 이미지의 흐름 속에서도 발견된다(예술과 뉴스, 광고). 이러한 태도는 여성이 자신의 '본성'에서 해방되고 또 다른 역사를 창조해 직접 살아나갈 때만 바뀔 것이다.

> **여성 해방의 과정에서 경제적 해방과 성 해방이 똑같이 중요하다고 생각하는가?**
>
> 이 질문 자체에서 '해방'이라는 개념의 근본적 허약함이

드러난다. 더욱 구체화하지 않은 '여성 해방'은 텅 빈 목표이며, 초점을 흐리고 여성 투쟁의 에너지를 약화한다. 경제적 해방과 성 해방이 서로 다른 것인지는 잘 모르겠다. 그러나 두 가지가 서로 다른 것이라고, 그게 아니라면 최소한 따로 고려할 수 있는 문제라고 해보자. 여성이 무엇으로부터, 그리고 무엇을 위해 해방되고 있는지를 더욱 명확히 하지 않으면, 두 가지 해방이 똑같이 중요한지 묻는 질문은 아무 의미가 없다.

'경제적 해방'이라는 개념은 진짜 문제를 감추는 데 사용될 수 있다. 여성이 가정 밖에서 더욱 다양한 직업에 종사하고 그에 합당한 임금을 받는 것은 분명 협상할 수 없는 중요한 요구 사항이다. 여성이 심리·문화적으로 미성숙한 현실의 핵심에는 대다수 여성이 말 그대로나(경제적으로) 은유적으로(심리적·문화적으로) 스스로를 부양하지 않는다는 사실이 있다. 그러나 더 많은 직업의 기회를 열어젖히고 어린 자녀를 맡길 무료 보육시설을 세움으로써 돈 벌 **가능성**을 확보하는 것만으로는 절대 충분하지 않다. 일은 한낱 선택지이거나, 가정주부와 어머니라는 더욱 흔한 (그리고 규범적인) '커리어'의 대안이어서는 안 된다. 대다수 여성이 남성과 마찬가지로 일하고, (결혼 여부와 상관없이) 경제적으로 독립하는 것이 반드시 **요구되어야** 한다. 일하지 않으면 여성은 남성에게 의존하는 고리를 절대 끊을 수 없다. 일은 여성이 온전한 성인이 되는 최소한의 전제조건이다. 일하지 않으면, 여성의 일이 남편의 일만큼 값지지 않으면, 기혼 여성은 자기 삶에서 진짜 권력을 얻을 기회, 즉 자기 삶을 바꿀 힘조차 갖지 못한다. 여성의 악명 높은 심리적 강압과 화해의 기술(아첨과 매혹, 감언이설, 마력, 눈물)은 진정한 영향력과 자율성의 비굴한 대체물이다.

그러나 그저 일할 수 있으면 여성이 '해방'된다는 뜻은 절대 아니다. 이미 수많은 여성이 일하고 있으며, 이 중 소수는 이미 경제적으로 독립할 수 있을 만큼 임금을 받는다. 그러나 일하는 여성 대다수가 여전히 남성에게 의존한다. 고용 자체가 성차별적 구조를 따르기 때문이다. 성차별적 노동 분업이 여성의 식민지 지위를 확증하고 실제로 더욱 강화한다. 여성은 현대사회의 일에 남성과 대등하게 참여하지 않는다. 여성은 경제에서 남을 돕는 보조적 역할을 맡는다. 여성이 '세상에서' 하는 일은 '가정적인(봉사하고 보살피는)' 존재라는 여성의 이미지를 재생산하는 경향이 있으며, 여성은 막중한 경영의 책임을 지는 데 적합하지 않다고 여겨진다. 그러므로 여성은 현재 남성이 수행하는 모든 활동을 남성과 같은 조건(임금과 수행 기준, 위험 노출의 측면)에서 수행할 때까지, 이로써 바보와 어린애, 하인의 특권을 포기할 때까지 경제적으로 해방되었다고 말할 수 없다. 여성의 경제적 해방은 여성 개개인의 심리적이고 정신적인 안녕에만 필수적인 게 아니다. 여성이 그저 예비 인력이어서가 아니라 수많은 여성이 중요한 전문 기술과 경영 기술을 소유했다는 이유로 경제에 중요해지지 않으면, 여성에게는 정치권력을 행사할 수단이 없다. 이때 정치권력을 행사한다는 뜻은 제도를 장악하고 향후 수십 년간 사회를 어떻게 바꿀 것인가에 실질적 발언권을 갖는 것을 의미한다. 거듭 강조한다. 해방은 권력을 뜻한다. 그게 아니라면 아무 의미도 없다.

'성 해방' 개념은 더욱 수상쩍어 보인다. 여성의 성적 에너지와 욕망이 남성보다 적다고 보는 (그리고 남성에게는 용납되는 행동을 처벌하는) 오래된 이중 잣대는 분명 여성을 기존의 지위에 묶어두는 하나의 방식이다. 그러나 남성과 똑같이 성적 실험의 특권을 요구하는 것만으로는 충분하지 않은데, 섹슈얼리티라는 개념 자체가 억압의 도구이기 때문이다. 대부분의 성적 관계에서 여성을 억압하고 남성 특권을 영속화하는 태도가 나타난다. 여성이 더욱 자유롭게 즐기게 된 섹슈얼리티가 여전히 여성을 객체로 바꾸는 낡은 섹슈얼리티라면, 여성의 성적 표현에 지워진 책임만 없애는 것은 텅 빈 승리일 뿐이다. 모두가 눈치챘듯이, 최근 자본주의 도시 사회의 관습이 갈수록 '관대해'지면서 일부일처제 결혼이라는 맥락의 바깥에서 성적인 존재로 살아가는 여성이 전보다 훨씬 덜 처벌받게 되었다. 그러나 '더 자유로워진' 이 섹슈얼리티는 대개 겉으로만 그럴싸한 자유 개념을 반영한다. 간단히 말하면, 이 자유는 각자가 다른 사람을 이용하고 비인간적으로 대할 수 있는 권리다.

섹슈얼리티의 규범이 바뀌지 않으면 여성 해방은 무의미한 목표일 뿐이다. 섹스는 여성을 해방하지 않는다. 더 많은 섹스도 마찬가지다.

문제는 이것이다. 여성이 해방되어 자유롭게 즐겨야 할 섹슈얼리티는 **어떤 모습**인가? 여성을 해방하는 유일한 성 윤리는 현재 최고 지위를 차지한 생식기 중심적 이성애에 도전하는 성 윤리다. 억압 없는 사회, 여성이 주관적으로나 객관적으로 남성과 진짜 동등한 사회는 양성적인 사회일 수밖에 없다. 왜냐고? 여성 억압을 종식할 수 있는 그 밖의 유일하게 타당한 조건은 남성과 여성이 따로 사는 것인데, 그건 불가능하기 때문이다. 실제로 분리주의는 백인 인종의 '유색인' 억압을 종식할 수 있는 여전히 타당한 방법이다. 생각건대, 지구의 서로 다른 지역에서 나타난 서로 다른 인종은 (경제적일 뿐만 아니라 문화적인 제국주의의 침입으로부터 관습과 사고방식을 엄격하게 보호받으며) 다시 서로 분리되어 살아가는 데 동의할 수 있다. 그러나 여성과 남성은 의심의 여지 없이 앞으로도 계속 함께 살아갈 것이다. 그러므로 (인종차별과는 달리) 성차별의 해답이 분리주의일 수 없다면, ('문화적 다원성' 같은 것을 보존하기 위해) 각 성별 고유의 윤리적이고 미적인 '전통'을 지키고 (알려지지 않고 무시되던 '여성의 문화'를 다시 인정하기 위해) 지적 우수성이나 합리성의 단일 기준을 남성의 '문화적 제국주의'라고 비난하는 것은 여성 해방 투쟁의 기만적 전략이다.

투쟁의 목적은 두 성별의 차이를 보호하는 것이 아니라 약화하는 것이어야 한다. 여성과 남성 간에 억압 없는 관계를 만들려면 두 성별 사이에 그어진 관습적 경계선을 최대한 지우고, '다름'에서 생겨난 긴장을 줄여야 한다. 모두가 알아차렸듯이 몇 년 전부터 청년들 사이에서 옷차림과 헤어스타일, 제스처, 취향의 성차를 좁히고 심지어 뒤섞으려는 경향이 활발히 나타나고 있다. 그러나 성별의 양극성을 없애기 위한 이 첫걸음은 아직 단순한 '스타일'에 머문다. 이 시도가 자본주의적 형태의 소비자성 안으로 흡수된 지금의 상태에 그친다면, 즉 더 깊은 수준으로 뿌리내리지 못한다면, 정치적 영향력을 발휘할 수 없을 것이다.

더욱 깊이 있는 성별의 탈양극화는 일의 세계에서, 그리고 갈수록 두 성별의 성적 관계에서 발생해야 한다. '다름'이 줄어들면 두 성별 간의 성적 끌림도 약화될 것이다. 여성과 남성은 분명 앞으로도 계속 섹스하고 커플이 될 것이다. 그러나 더 이상 서로를 주로 잠재적인 성적 파트너로만 정의하지는 않을 것이다. 억압과 성차별이 없는 사회에서의 섹슈얼리티는 어떤 의미에서 오늘날보다 더 중요한 역할을 맡을 텐데, 오늘날보다 더욱 확산될 것이기 때문이다. 동성애는 이성애만큼 타당해지고 존중받을 것이며, 동성애와 이성애 모두 진정한 양성애에서 비롯될 것이다. (배타적 이성애와 마찬가지로 후천적으로 학습된 배타적 동성애는 성차별 없는 사회에서 지금보다 훨씬 드물 것이다.) 그러나 그러한 사회의 섹슈얼리티는 다른 의미에서 지금보다 덜 중요해질 텐데, 더 이상 성적인 관계를 진정한 자유와 이 사회에서 좌절되는 수많은 다른 즐거움(친밀감과 격렬함, 소속감, 신성모독)의 대체물로서 병적으로 갈망하지 않을 것이기 때문이다.

> 당신이 생각하는 여성 해방 투쟁과 계급 투쟁의 관계는 무엇인가? 여성 해방 투쟁이 계급 투쟁에 종속되어야 한다고 생각하는가?

현재는 계급 투쟁과 여성 해방 투쟁이 별 관계가 없다고 본다. 현대 좌파 혁명 정치의 두 가지 내용(한 국가 내에서 한 계급이 다른 계급을 전복하고, 제국주의적 지배에서 식민화된 사람들을 해방하는 것)은 여성으로서의 여성 투쟁과 근본적으로 무관하다. 여성은 계급도 국가도 아니다. 정치적으로 급진적인 여성들은 자신의 에너지를 여성 투쟁에 가두기보다는 기존의 반란 운동에 참여하고 싶을 것이다. 그러나 그때 그들은, 그 모든 다층적 사안의 혁명 정치가 (원내정당 정치처럼) 기껏해야 여성에게 현 상황을 개선하는 정도의 이득과 형식적 '평등'의 약속만을 내놓는다는 것을 깨달아야 한다.

어떤 수준의 투쟁이 우선되어야 할까? 이 문제에 일반적인 입장을 취하는 것이 가능한지 모르겠다. 투쟁의 우선순위는 국가별로, 역사적 시기별로 다르며, 한 국가 내에서도 본인이 속한 인종과 사회 계급에 따라 달라진다. 현재 베트남에서 여성 해방이 민족 해방 투쟁에 종속되어야 한다는 것은 의심할 여지 없는 사실인 듯하다. 그러나 부유한 국가에서 여성 해방은, 그 자체로서뿐만 아니라 다른 형태의 투쟁을 위해 사람들을 급진화하는 데 유용하다는 측면에서도 훨씬 시급한 문제다. (예를 들어, 여성 억압의 본질을 탐구하는 것은 제국주의의 본질을 이해하는 데 유용하며, 그 반대도 마찬가지다.)

내가 보기에, 마르크스주의 중심의 혁명 운동이 핵심 투쟁으로 정의하는 계급 투쟁과 여성 투쟁의 관계에서 관건은 이것이다. 여성을 해방하려면 문화 혁명이 발생해, 계급 투쟁의 목표인 경제적 관계의 재편성이 실현되더라도 여전히 살아남을지 모를 태도와 정신적인 습관을 공격해야 한다. 생각건대, 계급 관계가 변하더라도 여성의 위치는 그리 달라지지 않을 수 있다. 휴머니스트이자 계몽주의의 후계자였던 마르크스와 엥겔스는 자본주의하에서의 여성 억압을 강하게 비판했다. 그러나 마르크스와 그의 계승자들이 말하는 전통적 '페미니즘'은 마르크스주의적 분석과 **논리적으로** 연결되지 않는다. (나는 프로이트의 조악한 '반페미니즘' 역시 정신분석 이론의 기본 개념과 **논리적으로** 연결되지 않는다고 주장한다.) 사회주의가 필연적으로 여성 해방을 불러오지는 않을 것이다. 그러나 더 나은 이름이 없으므로, 오로지 사회주의라 부를 수 있는 사회에서만 여성을 해방하는 삶의 형태를 발명하고 제도화하는 것이 **가능할** 것이다. 그러므로 사회주의를 이룩하려는 투쟁과 여성 해방이라는 대의가 결코 동일하지는 않더라도, 전투적 페미니스트는 혁명적 사회주의 운동의 운명에 이권이 있고, 암묵적으로나마 협력자가 될 타당한 이유가 있다. 언제나 남성의 특권을 강화하고 여성은 이에 복종해야 한다고 설교하는 모든 우파 혁명 (또는 파시스트) 운동의 적이 되어야 할 이유가 있기 때문이다.

> 주부의 노동이 보수를 받지 못하고 노동 시장에서 교환 가치가 없다는 사실 때문에 여성이 다른 경제 계급과 따로 떨어져 존재하는 별도의 계급이 된다고 생각하는가?
> 현대 사회에서 가부장제의 억압은 가장 주요한 갈등인가, 아니면 부차적인 갈등인가?

먼저 첫 번째 질문에 답하자면, 그렇지 않다. 여성의 일로 정의되는 '집안일'이 육체노동이고 '세상'에서 이루어지는 다른 일들과 달리 보수를 받지 않는다는 사실 때문에 여성이 별도의 경제 계급에 속하는 게 아니다. 남성과 마찬가지로 여성도 하나의 계급을 형성하지 않는다. 남성과 마찬가지로 여성도 모든 계급의 절반을 차지한다. 부유한 남성의 아내와 누이, 딸은 가난한 사람을 억압한다. 성별이 아니라 자신이 속한 계급 때문에 소수의 여성이 다른 여성을 억압한다. 만약 꼬리표가 필요하다면, 아마 여성을 하나의 카스트로 생각할 수 있을 것이다. 그러나 이 역시 비유일 뿐이다. 다른 사회 분석의 어휘에서 빌려올 적절한 꼬리표는 존재하지 않는다. 여성이 하나의 계급을 구성한다는 생각은 흑인이 하나의 계급이라는 생각만큼 터무니없다. 인간종은 두 성별로 나뉘고 (성 정체성에 기반한 '카스트' 유형의 관계), 수많은 인종으로 나뉜다 (주로 피부색에 기반한 '카스트' 유형의 관계). 한 계급이 다른 계급을 억압하는 것은 오직 한 형태의 억압일 뿐이다. 두 성별의 존재 위에 세워진 구조는 여러 인종의 존재 위에 세워진 구조처럼 사회 계급의 존재 위에 세워진 구조로 환원될 수 없다. 여러 억압이 서로 중첩될 수 있고, 실제로도 그렇다.

이 질문에서 여성 억압의 원인을 특정 사회 형태로, 특정 계급 구조로 돌릴 수 있을지도 모른다는 비현실적인 희망이 느껴진다. 그러나 그럴 순 없다. 사회주의(적어도 지금까지 존재한 사회주의)가 명백한 해답이 아니라면, 자본주의도 명백한 범인이 아니다. 여성은 늘 열등한 존재로 취급받았고, 늘 정치적·문화적 주변부에 속했다. 여성 억압은 조직 사회의 가장 근본적인 억압이다. 즉 계급과 카스트, 인종에 기반한 모든 억압에 앞서는, 가장 **오래된** 형태의 억압이다. 여성 억압은 가장 원시적인 형태의 위계질서다.

그렇기에 나는 "가부장제의 억압"(질문에 있는 표현)을 가장 주요하든 부차적이든 애초에 갈등으로 여길 수 있는지 모르겠다. 오히려 이 사회의 구조 자체가 정확히 가부장제의 억압에 기반하며, 이 억압을 없애면 가장 뿌리 깊은 우정과 사랑의 관습, 일의 개념, 전쟁 수행 능력(성차별적 불안이 큰 자양분이다), 권력의 메커니즘이 바뀔 것이다. 조직 사회의 권력 특성 자체가 성차별적 행동 양식에 기반한다. 권력은 남자다움의 과시라는 측면에서 정의되고, 남자다움의 과시를 먹고 자란다.

현대 산업 사회는 분명 수많은 모순적 구조와 이데올로기를 품고 있지만, 내 생각에 여성 해방 투쟁이 이미 존재하는 모순을 악화하고 격화하려는 방향으로만 흘러간다면 성공을 기대하기 힘들다. 여성 해방 투쟁의 과제는 모순을 이용하는 것이라기보다는 가장 깊이 뿌리내린 구조를 제거하는 것이다. 여성운동은 결정적으로 국가의 본질을 공격하는 방향으로 나아가야 한다. 천 년간 이어진 가부장적 지배라는 폭정은, 현대에 등장한 파시스트 국가라는 폭정의 암묵적 본보기다.

    나는 파시즘이, 두 세계 전쟁의 사이 시기와 유럽 지역에서만 개연성이 높았던 정치적 일탈이 아니라, 현대 국가의 **정상적** 상태라고 주장하려 한다. 파시즘은 모든 산업 선진국의 정부가 기울기 쉬운 상태다. 즉, 파시즘은 가부장 국가의 가치가 20세기 '대중' 사회의 조건(그리고 갈등)에 적용된 자연스러운 전개다. 1930년대 말에 『3기니Three Guineas』라는 주목할 만한 저서에서 여성을 해방하기 위한 싸움은 파시즘과의 싸움이라고 선언했던 버지니아 울프의 말은 전적으로 옳았다.

> 현대 사회의 대다수 유급 노동은 사람을 소외시킨다고들 말한다. 그럼에도 여성들에게 해방의 수단으로 유급 일자리를 구하라고 조언하겠는가?

    대다수 유급 노동이 아무리 사람을 소외시키더라도, 가정과 기생하는 삶에 더 이상 얽매이지 않을 수 있다는 이유만으로도 여성에게 일자리는 여전히 해방의 수단이다. 그러나 물론 일에 전

넘하는 것은 첫걸음일 뿐이다. 완전히 평등한 조건에서 사회의 일에 참여하지 않는다면 여성은 절대 자주성을 얻을 수 없다. 여성은 본인이 고립된 일의 게토에서 벗어나야만 한다. 이 게토 안에 있는 일자리들은 여성들이 평생 받아온 훈련을 활용한다. 바로 복종하고, 남을 도우면서도 남에게 기생하고, 모험심을 버리는 훈련이다. 여성은 '집'에서 '세상'으로 나가 일을 한다 해도 좀처럼 '세상'에의 전적인 몰입, 즉 성취감을 얻지 못하는데, 여성의 일은 오로지 돈을 벌거나 가족 수입을 보충하는 수단으로만 여겨지기 때문이다. 여성은 기업이나 정계의 직책을 거의 맡지 않으며, 자유 직업군에서도 극히 적은 일부를 차지한다(교직 제외). 공산국가를 제외하면 여성은 기계를 능숙하게 다루거나 적극 몸을 써야 하는 직업, 신체적 위험이 따르거나 모험심이 필요한 직업, 또는 (남성을 돕는 것이 아니라) 남성과 직접 경쟁하는 직업에서 사실상 제외된다. 여성이 구할 수 있는 일자리는 대부분 보수가 적거니와 승진의 천장이 낮고, 능동적으로 의사결정을 내리는 평범한 소망을 분출하기에도 변변찮은 수단이다. 이러한 편견의 결과 사실상 자본주의 국가에서 여성이 남긴 뛰어난 업적은 전부 보상 없이 순전한 의지로 이루어지는데, 유순하고 비논리적인 '여성성'의 고정관념에서 벗어났을 때 사회에서 받는 비난을 대부분 견디지 못하기 때문이다. (그러므로 여성을 '야심 있다', '터프하다', '지적이다'라고 묘사하는 데는 비하의 의미가 있으며, 남성이었다면 평범하거나 심지어 칭찬받았을 만한 공격적 행동을 여자가 하면 '남자 기를 죽인다'는 소리를 듣는다.)

현대 사회에서 얻을 수 있는 직업이 전부 사람을 소외시킨다면, 남성이 일에서 느끼는 그 제한적인 만족감마저 부정당하는 여성의 이중 소외를 더욱 절감하게 된다. 여성은 현재와 같은 형태의 직업 세계에 진입함으로써 얻을 게 매우 많다. 기술을 얻어서 자기 삶을 더욱 잘 돌보고 조직할 수 있고, 각 직종에서 구체적인 투쟁의 장을 얻어서 여성 해방을 적극 요구할 수 있다.

이러한 요구는 여성이 진입한 근로 상황에서 개개인 간에 달성할 수 있는 '평등'을 넘어서야 한다. 동일 노동 동일 임금보다 훨씬 중요한 것은(중국을 비롯한 전 세계 **모든** 국가에서 그 최소한의 '진보적' 요구조차 충족되지 않고 있지만), 직업 세계를 조직하는 성 고정관념을 해체하는 것이다. 여성은 반드시 외과 의사와 농학자, 변호사, 정비공, 군인, 전기 기술자, 우주 비행사, 공장 임원, 오케스트라 지휘자, 음향 엔지니어, 체스 선수, 건설 노동자, 조종사가 되어야 하며, 여성의 존재가 더 이상 눈에 띄는 예외가 되지 않을 만큼 대규모로 그렇게 되어야 한다. (소련의 의료계처럼 과거에는 남성이 독점했던 직업군에서 여성이 대다수를 차지하면 성 고정관념에 저항하기가 훨씬 수월해진다. 이전까지 '남성적'이었던 의사의 역할이 '여성적인' 역할로 바뀐 것이다.)

성차별적인 직업 체계가 힘을 잃지 않는 한, 대다수가 (남성뿐만 아니라 여성도) 여성은 여러 직업에서 필요한 체력이나 합리적 판단 능력, 감정적 자제력이 부족하다고 주장하며 이 상황을 계속 합리화하려 할 것이다. 이 체제가 약해지면 여성은 더 유능해질 것이다. 그리고 현재 여성이 제외되는 직업에서 여성을 그저 참아주는 것이 아니라 여성을 **요구할** 때, 수많은 여성이 실제로 그 일을 할 수 있게 될 것이다.

일에서의 성차별이 완전히 사라지면 여성들은 오늘날처럼 정의된 일의 기본 조건에 남성 동료들과 함께 의문을 제기할 자격을 더욱 잘 갖추게 될 것이다. 현대 사회에서 일이 조직되는 관료주의적 체제는 더욱 민주적이고 분권화된 계획 및 의사결정 방식으로 재편되어야 한다. 무엇보다 중요한 점은, '생산성'(그리고 소비자성)의 이상을 바꿔야 한다는 것이다. 부유한 국가의 경제는 성별에 따른 기능 분담을 통해 작동된다. 즉, 남성은 '생산자'이자 도구의 사용자로 정의되고, 여성(그리고 청소년)은 주로 '소비자'로 정의된다. 이러한 구분이 전복되지 않는다면 남성이 하는 일에 여성이 완전히 참여할 수 있다고 해도 그저 상품(그리고 쓰레기)을 무한히 제조하는 생태학적 자살 캠페인에 징집된, 심리적으로 소외된 대규모 '생산자' 군대의 규모만 두 배로 늘리는 꼴이 될 것이다.

필연적으로 이뤄져야만 하는 일의 재검토는 현재의 엘리트가 잘 수행하겠지만, 여성은 자신들 없이 남성이 중요한 결정을 내렸음을 발견하게 될지도 모른다. 향후 20년 안에 고안될 새로운 일의 구조(그 특성 중 일부는 여러 종류의 일을 훨씬 **줄여야** 한다는 사실에서 기인할 것이다)는 여성의 역할을 기생하고 복종하는 도우미의 역할로 제한하는 성차별적 체제를 여전히 영속화할 수 있다. 이러한 상황의 발생을 막을 수 있는 유일한 방법은, 일이 여전히 '사람을 소외시키더라도', 여성들이 전투적 페미니스트의 의식을 지니고서 일의 세계로 침투하는 것이다.

> 앞으로의 여성 해방 투쟁은 어떤 방식이 될 거라 예상하는가?
> A) 혁명/정치 조직의 틀 안에서,
> B) 오로지 여성운동 안에서.

급진적 정치 조직이 여성의 대의를 지지한다는 것은 언제나 좋은 소식이다. 특히 그 조직이 블랙팬서Black Panthers처럼 노골적인 성차별주의로 악명 높던 조직이라면 더더욱 그렇다. 그러나 나는 이런 지지가 장기적으로 이득이 되리라 낙관하지 않는다. 사실 이런 동맹은 겉으로 보이는 것만큼 자연스럽지 않다. 실제로 혁명 투쟁은 대개 여성을 역사적 주체로 인정하고 성차별적 고정관념을 빠르고 극적으로 뒤엎는다. 코뮌과 러시아혁명, 제2차 세계대전 시기 프랑스와 이탈리아의 레지스탕스, 이스라엘 국가 수립을 위한 투쟁, 쿠바 혁명, 30년간 이어진 베트남 해방 투쟁, 팔레스타인 게릴라 운동, 라틴아메리카의 도시 게릴라 운동에서 여성들이 해낸(해내도 된다고 '허락된') 일들과, 무장 투쟁이 시작되기 전에 이 각각의 사회에서 여성에게 허용되었던(여성이 할 수 있다고 여겨졌던) 일을 떠올려보라. 그러나 이러한 해방은 일시적일 뿐이다. 투쟁이 끝나면 그 결과가 승리든 실패든 필연적으로 여성은 빠르게 해산되고, 역사와 아무런 관계가 없는 수동적이고 전통적인 역할로 돌아갈 것이 권장된다. (오늘날 프랑스가 수많은 여성 레지스탕스 전사와 순교자를 묵인하듯이, 여성의 참여는 훗날 역사가와 특정 이데올로기 신봉자에게 무시되거나 호도된다. 여성의 행위가 논의되기나 한다면, 표면적으로는 1930년대 마오쩌둥 군의 여성 군인들을 기리고 찬양하기 위해 제작된 대단히 성차별적인 중국의 최근 영화 〈홍색낭자군〉에서처럼 남성 리더십을 긍정하는 이미저리에 꿰어 맞춰질 것이다.)

성차별적인 고정관념을 일시적으로나마 철저하게 깨부수는 일이 정치적 급진주의자들의 눈에 쉬워 보일 때는 오로지 그들이 반란이나 '인민 전쟁', 게릴라 투쟁, 외세 강점에 맞서는 지하 레지스탕스를 일으킬 때뿐이다. 군사적으로 긴급하지 않은 상황에서 급진적인 정치 조직이 여성을 대하는 태도는 전혀 모범적이지 않다. 그들이 종종 페미니즘적 '견해'를 선언한다고 해도, 권력이 있거나 없는 거의 모든 급진 조직(공식 공산당을 비롯해, 1960년대부터 활동한 신좌파와 세미 아나키스트 단체까지)의 내부에서는 온갖 종류의 성차별적 '관습'을 무비판적으로 묵인하고 조장한다.

그렇기에 현재의 페미니즘 물결은 1960년대 미국에서 가장 규모가 컸던 급진적 학생 조직의 여성 조직원들이 자신들이 2등 회원으로 취급받고 있다는 사실을 고통스럽게 깨달으면서 시작되었다. 회의 때 여성의 발언은 절대 똑같이 진지하게 받아들여지지 않았고, 회의록을 작성하거나 회의 중에 부엌에 가서 커피를 끓일 것을 부탁받는 (또는 그러겠다고 자원하는) 사람은 언제나 여성이었다. 여성은 시위 중에 기사도 정신을 발휘하는 남성 전우에게 보호받는 경우가 많았으나, 지도부의 위치에서 항상 배제되었다. 분명 급진 조직의 안일한 성차별주의는 바로 이 이 여성들의 항의를 통해 최소 미국에서는 어느 정도 완화되었다. 처음에는 고립되고 조롱당하는 소수였던 이 여성들이 많은 여성에게 새로운 차원의 의식을 열어주었고, 미국에서 시작된 이 움직임이 현재 (더 온순하고 제한적인 방식으로나마) 뒤늦게 서유럽으로 퍼지고 있다. 1970년대인 현재 자신과 다른 여성을 해방하고자 하는 여성들은 급진적인 남성 사이에서 그 어느 때보다 쉽게 동지를 찾을 수 있다. 그러나 기존의 혁명 조직에서 활동하는 것만으로는 충분하지 않다. 이 시점에서 그런 활동은 가장 중요하지조차 않다.

나는 지금부터 한동안은 여성운동이 핵심 역할을 맡아야 한다고 생각한다. 현재 동지로 여길 수 있는 급진적 남성이 아무리 많다고 해도 (**그렇게까지** 많지는 않다) 투쟁의 중심 활동은 여성 스스로 해내야 한다. 여성은 각 계급과 직업, 공동체에서 집단을 형성해 다양한 수준의 투쟁과 새로운 의식을 지탱하고 고취해야 한다. (예를 들면 여성 환자만 진료하는 의사나 여성 고객만 받는 변호사 및 회계사로 구성된 전원 여성의 직업 공동체나, 전원 여성의 록그룹, 농장, 영화 제작팀, 소기업 등등이 있을 수 있다.) 정치적으로 여성이 직접 주도하는 단체가 조직되지 않는다면 여성은 전투적인 목소리를 찾지 못할 것이다. 흑인이 주로 통합 조직을 통해, 즉 사실상 자애롭고 학력 높은 진보적 백인이 이끄는 조직을 통해 대표되는 동안 진정한 정치적 호전성을 얻지 못했던 것과 마찬가지다. 여성의 정치 역량이 부족한 현시점에 남성과 협력한다면 (생각이 통하는 남성일지라도) 여성이 정치적으로 성숙해지는 법을 배우는 과정이 그만큼 느려질 것이다.

무엇보다 여성은 서로 대화하는 법을 배워야 한다. 흑인(그리고 다른 식민화된 사람들)과 마찬가지로 여성은 조직화를 어려워하며 기꺼이 서로를 존중하고 진지하게 대하지 못한다. 여성은 남성의 지도와 지지, 승인을 받는 데 익숙하다. 그러므로 스스로 정치 단체를 조직하고 다른 여성에게 다가가는 법을 배우는 것이 더욱 중요하다. 이때의 실수는 적어도 여성이 **직접 저지른** 실수다.

더 일반적으로, 남성과 협력하는 여성 해방 운동을 지지하는 사람들은 은연중에 여성 억압의 현실을 부정하는 것이다. 이런 방침은 반드시 여성을 대표하는 모든 투쟁이 온건해지고 결국 기존 체제에 쉽게 흡수되는 결과로 이어진다. '급진적'인 변화가 절대 발생하지 않도록, 여성 의식이 절대 크게 바뀌지 않도록 미리 준비하는 꼴이다. 남성과 함께하는 통합 행동은 여성이 '급진적으로' 사고할 자유를 필연적으로 제한하기 때문이다. 여성이 여성 해방에 꼭 필요한 의식의 대전환을 불러올 유일한 방법은 독립 단체를 조직하는 것이다. 의식은 오로지 대립을 통해서만, 회유 불가능한 상황에서만 변화한다.

그러므로 오로지 전원이 여성으로 구성된 단체만이 할 수 있는 (또는 하고자 하는) 특정 활동들이 있다. 전원이 여성인 단체만이 전략을 충분히 다양화할 수 있고, 충분히 '극단적'일 수 있다. 여성은 로비하고, 시위하고, 행진해야 한다. 가라테 수업을 들어야 한다. 거리에서 남자들을 향해 휘파람을 불고, 미용실을 습격하고, 성차별적인 장난감을 생산하는 장난감 제조업체 앞에서 피켓 시위를 벌이고, 대규모로 전투적 레즈비언주의로 전향하고, 직접 무료 정신과와 임신 중절 병원을 운영하고, 페미니스트 이혼 상담을 제공하고, 화장 중단을 돕는 센터를 세우고, 어머니의 성을 사용하고, 여성을 모욕하는 옥외 광고를 훼손하고, 남성 유명인과 정치인의 말 잘 듣는 아내를 기념하는 노래를 부르며 공개 행사를 방해하고, 이혼 수당과 키득대는 웃음을 포기하겠다는 서약을 모으고, 대량으로 유통되는 '여성 잡지'를 명예훼손으로 고발하고, 여성 환자와 성적인 관계를 맺는 남성 정신과 의사를 전화로 괴롭히는 캠페인을 진행하고, 미남 대회를 열고, 모든 공직에 페미니스트 후보를 내세워야 한다. 그 어떤 행동도 꼭 필요한 것은 아니지만, 이런 '극단주의적' 행동은 여성의 의식 고취를 돕기에 그 자체로 귀중하다. 이런 행동에 충격받고 멀어지는 사람이 아무리 많다고 해도 이런 레토릭은 **실제로** 침묵하는 다수에게 긍정적인 영향을 미친다. 행동하는 사람이 소수일지라도 이런 게릴라 연극을 통해 수백만 명이 지금껏 거의 의식하지 않았던 성차별적인 태도에 방어적 입장을 갖게 되고, 그런 태도가 적어도 당연한 것은 아니라는 생각에 익숙해진다. (나는 게릴라 폭력의 유용함도 배제하지 않는다.)

전투적 단체들은 성차별적 클리셰(예를 들어 여성은 감정의 동물이며 초연하고 객관적일 수 없다)를 강화할지도 모른다는 두려움에 구애받지 말고 최선을 다해 여성성의 고정관념을 훼손해야 한다. 여성의 정치적 수동성을 강화하는 흔한 수단 하나는 여성이 '기품' 있게 행동하고 예의범절을 지키고 매력을 유지할 때 더 유능해지고 영향력이 생긴다는 말이다. 여성은 친절한 조언을 가장하는 이런 위협에 경멸을 표해야 한다. 여성은 무례하고 시끄럽고 (성차별적 기준에 따르면) '추할' 때 정치적으로 훨씬 유능해질 것이다. 이런 여성들은 조롱의 대상이 될 것이고, 이런 조롱을 그저 태연히 참기만 해서는 안 된다. 실제로 여성은 이런 조롱을 환영해야 한다. 전투적인 여성들은 오로지 자신들의 행동이 '우스꽝스럽다'는 말로 묘사되고 자신들의 요구가 '지나치고' '불합리'하다고 일축될 때만 올바른 방향으로 나아가고 있음을 확신할 수 있다.

여성 해방 투쟁의 장기적 목표와 단기적 목표는 무엇인가?

중요한 것은 단기적 목표와 장기적 목표의 차이가 아니라, 앞에서 이미 시사했듯 현 상황을 개선하는 (또는 진보적인) 목표와 급진적인 목표의 차이다. 투표권을 얻은 이후로 여성이 추구해온 목표 대다수가 상황을 개선하는 종류의 것이었다.

예를 들어보겠다. 여성이 동일 노동 동일 임금을 받아야 한다는 요구는 개선적이고, 여성이 예외 없이 모든 종류의 직업에 접근할 수 있어야 한다는 요구는 급진적이다. 동일 임금의 요구는 성차별적 고정관념 체제를 공격하지 않는다. 여성이 남성과 똑같은 일자리를 얻었을 **경우에** 동일 임금을 제공하는 것은 그저 형식적인 공평함을 확립할 뿐이다. 모든 종류의 직업에서 종사자의 대략 절반이 여성일 때, 모든 형태의 고용과 공적 책임에서 여성과 남성이 섞여 있을 때 성적 고정관념은 사라질 것이며, 그전에는 절대 사라지지 않을 것이다.

이러한 차이를 재차 강조하고 있지만 그렇다고 개선적 성취가 보잘것없다는 뜻은 아니다. 이러한 종류의 성취도 투쟁할 가치가 매우 큰데, 사람들 대부분이 이런 요구조차 '급진적'이라고 생각한다는 사실이 그 증거다. 개선적 요구 대다수가 지금도 전혀 수용되지 않고 있다. 이러한 요구의 충족으로 향하는 느린 행렬 속에서, 공산주의 국가들은 확실히 선두를 달리고 있다. 공공 정책이 '진보적'으로 얼마나 계몽되었는가의 측면에서 개신교 배경의 자본주의 국가, 특히 스웨덴, 덴마크, 영국, 네덜란드, 미국, 캐나다, 뉴질랜드는 공산주의 국가보다 많이 뒤처져 있다. 그 뒤로 한참 더 뒤처진 것은 프랑스, 이탈리아, 스페인, 포르투갈, 멕시코 같은 가톨릭 문화 배경의 국가와 중남미 국가다. 이곳에서 기혼 여성은 남편의 서명 없이 재산을 구입하거나 처분할 수 없으며, 임신 중절 합법화는 고사하고 이혼권마저 여전히 격렬한 논쟁을 불러일으킨다. 그리고 라틴 국가보다도 더 뒤처져서 거의 시야에서 벗어난 곳은 이슬람 문화권 국가다. 이곳의 여성들은 여전히 잔인할 만큼 엄격한 사회적 차별과 경제적 착취, 성적 감시하에 있다.

문화에 따라 여성의 상황이 불균형하게 개선되고 있지만, 20세기가 끝날 무렵에는 대다수 국가에서 개선적 요구가 대부분 수용되리라 예상한다. 내가 말하려는 바는, 그때가 투쟁의 시작이라는 것이다. 이 요구들이 수용된다 해도 여성을 2등 시민으로 만드는 모든 억압적이고 오만한 태도는 그대로 남아 있을 수 있다. 여성들은 자신의 분노를 느껴야 하고, 그 분노를 표출하는 법을 배워야 한다.

여성은 구체적으로 요구하기 시작해야 한다. 무엇보다 자기 자신에게, 그다음에는 남성들에게. 먼저 여성은 결혼할 때 자신의 성을 바꾸지 않는 것과 같은 상징적 행동을 통해 자신이 성인의 지위를 온전히 받아들였음을 드러낼 수 있다. 여성은 노예처럼 자기 외모를 걱정하며 스스로를 객체화하는 행동을 그만둘 수 있다. (걱정을 달래주는 미용실의 서비스와 화장을 포기함으로써, 여성은 모욕적이게도 여성의 평범한 특성으로 간주되는 나르시시즘과 허영을 상징적으로 내버릴 수 있다.) 여성은 자신의 열등한 위치를 극화해서 유혹으로 전환하는 남성의 기사도적 의례를 거부할 수 있다. 여성은 종종 남성의 담배에 불을 붙여주고, 그들의 가방을 들어주고, 그들의 구멍 난 타이어를 고쳐주어야 한다. 미리 지정된 '여성적' 역할을 무시하는 사소한 행위조차 여성과 남성을 교육하는 데 도움이 된다는 점에서 영향력이 있다. 이런 행동들은 여성이 자신의 해방을 위한 제도적 틀을 고민하는 데 반드시 필요한 프롤로그다. 이러한 고민은 여성을 위해 여성의 손으로 직접 운영하는 실험적 기관의 설립과 동시에 이루어져야 한다. 주거 공동체와 직업 공동체, 학교, 보육시설, 의료시설 같은 기관들은 여성 연대와 점점 정치화되는 여성들의 인식, 성적 고정관념 체제를 능가하는 실용적 전략을 구현할 것이다.

여성 해방에는 단기적이고 장기적인 정치적 의미가 있다. 여성의 지위 변화는 그 자체로 하나의 정치적 목표일 뿐만 아니라 의식 및 사회 구조의 급진적 변화를 불러오는 마중물(이자 구성 요소)이기도 하며, 나는 이러한 급진적 변화가 바로 혁명적 사회주의의 의미라고 생각한다. 여성 해방이 이 같은 사회주의의 도래를 기다릴 필요가 없는 것이 아니다. 여성 해방은 이러한 의미의 사회주의를 기다릴 수 없다.

페미니즘이 먼저 큰 승리를 거두지 않으면 사회주의도 승리할 수 없으리라 생각한다. 여성 해방이 공정한 사회를 이룩하는 데 꼭 필요한 준비 과정인 것이지, 마르크스주의자들이 늘 주장하는 바처럼 그 반대가 아니다. 실제로 순서가 뒤집히면, 여성은 자신들의 해방이 가짜임을 깨달을 가능성이 높다. 전투적이고 독립적인 여성운동이 선행되지 않고 혁명적 사회주의에 따라 사회가 변화한다면, 여성은 똑같이 억압적인 도덕 윤리의 헤게모니가 그저 종류만 바뀌었음을 깨닫게 될 것이다.

가족이 여성 해방의 장애물이라고 생각하는가?

분명 현대의 '핵가족'은 여성을 억압하는 방식으로 작동한다. '유럽'식 사회 바깥에서 과거부터 현재까지 나타난 다른 가족 형태를 고려해봐도 별 위안이 되지 않는다. 사실상 지금까지 등장한 **모든** 가족 형태가 여성을 남성에게 종속된 존재로 정의한다. 가족은 여성을 '가정' 안에 가두고 공권력을 오로지 남성의 손에 맡기며, 남성들은 가정 바깥에서 오로지 남성으로만 구성된 집단을 조직한다. 인간 삶의 연대기에서 가족은 가장 최초이자 심리적 차원에서 가장 명백한 성차별주의 양성소다. 소녀들은 어린 시절부터 소녀와 소년을 대하는 체계적으로 대조적인 방식(옷을 입히고 말을 건네고 칭찬하고 처벌하는)을 경험하며 의존성과 나르시시즘이라는 규범을 주입받는다. 아이들은 성장 과정에서 어머니와 아버지라는 본보기를 통해 서로 다른 기대를 학습한다. 여성과 남성이 가정생활에 바치는 헌신의 지형도는 근본적으로 다르다.

가족은 여성을 가족 공간의 상시 거주자로 착취하는 관습을 토대로 구성된 제도다. 그러므로 여성에게 일이란 억압을 일부나마 완화하는 것을 의미한다. 직업이 무엇이든 보수를 받고 일하는 여성은 더 이상 한낱 가족의 노예가 아니다. 그러나 직업이 있는 여성도 계속해서 착취당할 수 있는데, 파트타임으로 일하는 가족의 노예이면서 여전히 거의 풀타임에 해당하는 의무를 짊어지게 되기 때문이다. '세상'으로 나갈 자유를 얻었으나 아직도 퇴근한 뒤 장 보고 요리하고 청소하고 아이를 돌볼 책임이 있다면 그저 노동이 두 배로 늘어난 것일 뿐이다. 바로 이것이 자본주의 국가와 공산주의 국가 할 것 없이 모든 일하는 기혼 여성이 겪는 곤경이다. (이처럼 여성이 이중으로 지는 억압은 미국보다 더 다양한 직업이 여성에게 열려 있는 소련에서 특히 두드러진다. 이를 테면 소련은 소비자 사회의 생활 방식이 막 시작되고 있으며, '서비스'를 제공하는 편의 시설은 거의 전무하다.) 아내의 직업이 남편의 직업만큼 명예롭고 신체적으로 피곤하더라도, 두 사람이 귀가했을 때 남편이 쉬는 동안 아내가 저녁 식사를 준비하고 식사가 끝난 뒤 치우는 것은 남편에게 (그리고 보통은 아내에게도) 여전히 당연해 보인다. 여성의 일이 '여성적' 역할 개념에 이의를 제기하지 않는 한, 노동 인력에 진입하는 여성의 수가 점점 늘어난다 해도 이러한 착취는 계속될 것이다.

  여성이 구하는 직업은 대부분 '여성스러운' 기질에 잘 어울린다고 여겨지기 때문에, 대다수 남성과 여성이 '여성의 일'과 여성이 집에서 수행하리라 기대되는 전통적으로 '여성스러운' 기술(보조하기, 간호하기, 요리하기) 사이에서 아무런 모순도 느끼지 않는다. 오로지 모든 종류의 직군에서 여성이 많아질 때만, 아내가 집안일을 전부 또는 대부분 도맡아 하는 것이 더 이상 남편에게 자연스럽게 느껴지지 않을 것이다. 겉으로는 상당히 달라 보이는 두 가지를 동시에 요구해야 한다. 하나는 더 이상 성 정체성에 따라 직장의 범위가 결정되지 않아야 한다는 것이고, 다른 하나는 전통적으로 '여성스럽다고' 여겨진 가사 노동을 남성이 똑같이 분담해야 한다는 것이다. 두 요구 모두 강렬한 저항에 부딪힌다. 남성은 이 요구들을 난처해하고 위협적으로 느끼는데, 요즘에는 두 번째 요구보다 첫 번째 요구를 조금이나마 덜 불편하게 여기는 듯하다. 이 현상은 가정생활의 문법이 (언어 자체처럼) 성차별적 억측의 가장 강력하고 완강한 요새임을 보여준다.

여성을 억압하지 않는 가정생활 방식에서 남성은 모든 가사 활동에 참여할 것이다. (그리고 여성은 가족과 아무 관련 없는 '바깥의' 의무에 상당한 시간을 써야 할 것이다.) 그러나 해결책이 남성의 가사 참여도를 높이는 수준에 그쳐선 안 되고, 모든 집안일과 책임을 똑같이 나누는 것이 이상적이다. 가사일 자체도 반드시 재검토해야 한다. 가족은 봉인된 분자일 필요가 없고, 가족의 모든 활동이 '그 분자' 안에 속할 필요가 없다. 전근대 사회에서 그랬듯, 많은 가사 업무를 공용 공간에서 더 효율적이고 쾌적하게 수행할 수 있다. (여유가 있는) 각 가족이 개인 베이비시터나 가정부를 두는 것에는, 즉 프리랜서 여성을 고용해 아내의 비공식적이고 보수도 없는 하인 역할을 분담하거나 대체하는 것에는 진정한 유익이 없다. 마찬가지로, (이기심과 두려움이라는 이유를 제외한다면) 각 가족이 자기 세탁기와 자동차, 식기세척기, 텔레비전 등등을 갖춰야 할 이유는 없다. 여러 국가가 전근대 경제에서 산업화를 거쳐 소비사회로 넘어가면서 상당한 부유층을 제외하고는 개인 가사 도우미(주로 여성)를 고용하는 가정이 점점 줄고 있는 한편, 각자 소유한 기계의 도움을 받는 가정이 급증하고 있다. 소비사회에서는 '개별' 가족이 기계 하인의 서비스를 구입하는 것이 가장 중요한 신념이지만, 이런 서비스의 대다수를 여러 가족이 공동으로 소유할 수 있다. 이렇게 하면 불필요하게 중복되는 노동을 없애고 경쟁과 소유욕을 억제하고 쓰레기를 줄일 수 있다. 가사 노동을 평등하게 나누는 것은 아내와 남편의 역할, 어머니와 아버지의 역할에 대한 억압적 정의를 바꾸는 데 꼭 필요한 단계 중 하나다. 또한 이렇게 하면 작디작은 가족들을 서로 갈라놓음으로써 각 가족의 구성원에게 엄청난 심리적 압박을 가하는 모든 현대 산업사회의 벽들을 부술 수 있다.

현대의 '핵'가족은 심리적·도덕적 재앙이다. 성적 탄압의 감옥이자, 일관성 없는 도덕적 해이의 장이자, 소유욕의 박물관이자, 죄책감을 생산하는 공장이자, 이기심의 양성소다. 그러나 가족 구성원들이 불안과 축적된 살인적 감정이라는 지나친 대가를 치르고 있긴 해도, 현대의 가족은 긍정적 경험을 제공하기도 한다. 줄리엣 미첼Juliet Mitchell이 지적했듯이, 오늘날 특히 자본주의 사회에서 가족은 보통 사람을 소외시키지 않는 대인 관계의 근사치(온기와 신뢰, 대화, 경쟁심 없음, 충실함, 자발성, 성적 쾌락, 재미)가 아직 허용되는 유일한 장소다. 노동과 모든 사회적 유대 관계에서 사람을 가장 크게 소외시키는 사회 형태인 자본주의 사회의 슬로건 중 하나가 가족의 신성함이라는 사실은 우연이 아니다. (아무도 그렇게 말하지는 않지만, 여기서 가족이란 오직 가부장적인 '핵' 가족만을 의미한다.) 가정생활은 산업화된 도시 사회가 파괴하면서도 어떻게 해서든지 보존해야만 하는 바로 그 '인간적' 가치의 시대착오적 보호 구역이다.

      자본주의(그리고 그 사촌 격인 러시아식 공산주의)는 살아남기 위해, 즉 시민에게서 생산성과 소비 욕구를 최대한 뜯어내기 위해, 사람을 소외시키는 가치를 계속해서 허용해야만 한다. 따라서 경제적·정치적으로 무력한 가족이라는 제도 안에서 이러한 가치들에 특권적이거나 보호받는 지위를 부여한다. 바로 이것이 현대 핵가족이라는 형태 뒤에 숨은 이념적 비밀이다. 가족 단위는 수가 적고 너무 기본적인 역할만 남아 있고 생활 공간(전형적으로 방이 세 개나 네 개인 도시 아파트)에만 한정되어 있어서, 경제 단위가 되거나 정치권력의 원천과 연결되는 것이 불가능하다. 근대 초기에 가정은 제단이자 의례 장소라는 오래된 역할을 상실했다. 종교적 기능은 '교회'가 완전히 독점했고, 가족 구성원은 **개인**으로서 집에서 나와 교회 활동에 참석했다. 18세기 말부터 가족은 자녀를 교육할 (또는 교육하지 않을) 권리를 중앙 집권화된 국민국가에 양도해야 했고, 각 가족의 자녀는 **개인**으로서 국가가 운영하는 '공립 학교'를 반드시 다녀야 하는 법적 의무를 졌다. 기본 가족이라고도 불리는 핵가족은 쓸모없는 가족이며, 도시산업 사회의 이상적인 발명품이다. 쓸모없는 것, 쉼터가 되는 것이 바로 핵가족의 기능이다. 경제적·종교적·교육적 기능을 박탈당한 가족은 오로지 냉혹한 세상에서 감정적 온기를 제공하는 원천으로서만 존재한다.

가족 예찬은 순전한 위선일 뿐만 아니라 자본주의 사회의 이념과 작동 방식에서 나타나는 중요한 구조적 모순을 드러내기도 한다. 현대 가족은 이념적으로 사람들을 조종하는 기능을 한다. 더 정확히 말하면, 현대 가족은 스스로를 조종한다. 가정생활에서 이루어지는 것들을 전부 기만으로 일축해도 된다는 뜻은 아니다. 진정한 가치들이 핵가족의 모습으로 나타나기도 한다. 실제로 오늘날 만연한, 그 빈약한 형태의 가정생활조차 없다면 사람들은 지금보다 훨씬 더 소외된 삶을 살아갈 것이다. 그러나 이 전략은 무기한 작동하지 않는다. 가정생활이 보호해야 하는 가치들과 산업 대중사회가 고취하는 가치들 사이의 모순은 결국 폭발할 수밖에 없다. 실제로 가족은 할당된 과제, 가족의 현대적 형태를 정당화하는 바로 그 과제를 점점 더 형편없이 수행하고 있다. 산업사회의 윤리 박물관이라는 가족의 기능은 갈수록 저하되고 있으며, '인간적' 가치는 가족 내에서도 점점 새어 나가고 있다. 산업 대중사회는 사람을 소외시키지 않는 가치들을 안전한 장소에, (정의상) 비정치적인 제도에 보관한다. 그러나 그 어느 곳도 안전하지 않다. '바깥' 세상의 산성이 너무 강해서 가족은 갈수록 부식되고 있으며, 사회는, 예를 들면 모든 거실에 있는 텔레비전의 균일한 목소리를 통해 직접 내부로 침투해 가족을 점점 오염시키고 있다.

가족이 권위주의적이기 때문에 가족을 '파괴'해야 한다는 주장은 안일한 클리셰다. 역사 내내 계속된 가정생활의 악덕은 권위주의가 아니라 그 권위 자체가 소유관계에 기초한다는 데 있다. 남편은 아내를 '소유'하고, 부모는 자기 자식을 '소유'한다. (이는 여성 지위와 어린이 지위의 수많은 유사성 중 하나일 뿐이다. 이렇게 성인으로 **정의된** 성별, 그러므로 자기 자신을 신체적으로 책임질 수 있는 성별은 기사도 정신을 발휘해 가라앉는 배에서 '여성과 아이를 먼저' 내보낸다. 스페인에서 기혼 여성은 남편의 서면 허가 없이 직장을 다니거나 은행 계좌를 열거나 여권을 만들거나 계약을 맺을 수 없다. 어린아이와 똑같다. 어린아이처럼 여성도 본질적으로 미성년자와 마찬가지이며, 어린이가 부모의 보호를 받듯 여성도 남편의 보호를 받는다.) 현대 핵가족은 북유럽과 북미의 진보적인 형태에서조차 덜 노골적이나마 여전히 여성과 아이를 재산 취급하는 태도에 바탕을 둔다.

표적은 소유관계에 기반한 가족이다. 사람이 재산으로 취급받아선 안 되며, 성인이 미성년으로 취급받아선 안 된다. 그러나 때로 어떤 형태의 권위는 가정생활에서 정당할 수 있다. 그렇다면 어떤 종류의 권위가 정당한가? 그 답은 정당함의 기반이 무엇인가에 따라 달라진다. 여성 해방을 위해 가족을 재구성하는 것은 곧 가족이 지닐 수 있는 권위에서 가장 주된 정당함의 형태를 제거하는 것, 즉 남성이 여성에게 갖는 권위를 제거하는 것이다. 가족이 본래 여성 억압이 구체화된 제도이긴 하지만, 이러한 억압을 제거한다고 해서 가족이 사라지지는 않을 것이다. 성차별적이지 않은 가족이라고 해서 정당한 권위 개념이 **아예** 없지도 않을 것이다. 가족이 성 역할에 따른 위계질서에서 벗어난다 해도, 나이 차이에 따른 위계질서의 특징은 일부 남아 있을 것이다. 성차별적이지 않은 가족은 구조가 완전히 사라지는 것이 아니라 '열린' 구조가 될 것이다.

     가족은 현대 사회가 '개인적'이라고 정의하는 유일한 제도다. 바로 이러한 이유로 가족을 재구성하는 작업은 지극히 까다로운 프로젝트이며, 다른 제도처럼 변화를 사전에 계획하기도 쉽지 않다. (예를 들어 학교에서 성차별을 없애고 권위주의를 줄이기 위해 무엇을 해야 하는가는 훨씬 명확하다.) 가정생활의 재구성은 새롭지만 여전히 작은 규모의 공동체를 만드는 과정 안에서 이루어져야 한다. 이 지점에서 여성 운동이 대안적 제도를 마련해 새로운 방식의 단체 생활을 앞장서서 개발함으로써 큰 도움이 될 수 있다.

     어쨌든 명령으로는 가족의 그 무엇도 바꿀 수 없다. 또한 가정생활은 어떤 형태로든 틀림없이 계속될 것이다. 바람직한 결과는 가족을 파괴하는 것이 아니라 (자본주의 국가에서 특히 견고한) '가정'과 '세상'의 대립을 파괴하는 것이다. 이런 대립은 퇴행적이다. 이런 대립은 여성(그리고 어린이)을 억압하고, 새로운 사회의 바탕이 될 공동체주의적 감정(자매애와 형제애)을 억누르거나 고갈시킨다.

임신 중단을 요구할 권리는 여성 투쟁의 목표 중에서 얼마나 중요한가?

임신 중단의 합법화는 미혼모 및 세칭 사생아의 낙인을 없애고 워킹맘을 위한 무료 보육시설을 세우는 것과 마찬가지로 현 상황을 개선하는 종류의 요구이며, 마찬가지로 의심스럽다. 역사에 따르면 오로지 개선적 요구를 밀어붙이는 데 쏟은 여성의 분노는 너무 쉽게 가라앉는다(영국과 미국에서 참정권을 중심으로 조직된 운동 역시 제1차 세계대전 이후 여성에게 투표권이 주어지자 금세 가라앉았다). 이런 종류의 개선은 전투적 에너지를 제한하고 돌연 해산시킨다. 이런 요구들이 여성이 겪는 어려움을 어느 정도 완화함으로써 오히려 억압적인 체제를 강화한다는 주장도 있을 수 있다. 특히 라틴 국가들에서 매우 열정적으로 이러한 요구를 밀어붙이고 있는데, (이혼할 권리와 합법적이고 저렴하게 피임약을 살 수 있는 권리와 마찬가지로) 임신을 중단할 권리를 확보하면 오히려 현재의 결혼 및 가족 제도를 보호하는 데 일조하게 될 것이다. 이러한 개선적 요구는 실제로 남성 권력을 강화하며 이 사회에서 당연시하는 방종하고 여성 착취적인 섹슈얼리티를 간접적으로 뒷받침한다.

그럼에도 이러한 개선을 통해 부유한 특권층을 제외한 여성 수억 명의 구체적이고도 즉각적인 필요를 충족할 수 있다. 여성 운동에 적절한 이론적 인식이 갖춰진다면 여성의 처지 개선이 또 다른 요구로 이어질 수 있다. 정치적 가치가 제한적이고 의심스러운 목표를 위해 투쟁하는 행위의 가치는 그 투쟁이 어디서 벌어지느냐에 따라 달라진다. 대체로, 투쟁이 힘겨울수록 그 투쟁을 정치화할 기회도 더 크다. 그러므로 피임약과 임신 중단 합법화를 위한 캠페인은 노르웨이나 오스트레일리아보다 이탈리아나 아르헨티나에서 정치적 의미가 더 크다. 임신을 중단할 권리는 인도주의적이고 생태적인 차원에서는 상당히 바람직하지만, 그 자체로는 정치적 함의가 전혀 없다. 그러나 연이은 요구와 행동의 한 단계로서는 중요하며, 이러한 일련의 움직임을 통해 아직 자신의 억압을 자각하지 못한 수많은 여성의 인식이 한데 모여 전진할 수 있다. 이러한 권리 중 어느 하나를 쟁취한다고 해서 여성의 처지가 바뀌지는 않을 것이다. 스페인은 이혼이 사실상 불가능하고 멕시코는 이혼이 쉽지만, 그렇다고 멕시코 여성의 처지가 스페인 여성의 처지보다 크게 나은 것은 아니다. 그러나 이러한 권리를 위한 투쟁은 더욱 깊은 수준의 투쟁을 준비하는 데 중요한 단계가 될 수 있다.

> **해방된 여성으로서 본인은 자신을 대하는 남성들의 태도를 어떻게 느끼는가?**

나는 결코 나를 해방된 여성으로 평가하지 않는다. 당연하게도, 현실은 **그렇게** 단순하지 않다. 그러나 나는 언제나 페미니스트였다.

다섯 살 때 나는 생화학자가 되어 노벨상을 타겠다는 꿈을 꿨다. (막 마담 퀴리의 자서전을 읽었을 때였다.) 그렇게 계속 화학에 빠져 지내다가, 열 살 때 의사가 되기로 마음먹었다. 그리고 열다섯 살 때 내가 작가가 되리란 걸 알았다. 즉, 내가 여자로 태어났기 때문에 '세상'에서 활동하지 못할 수도 있다는 생각은 처음부터 해보지 않았다. 미국의 외딴 시골에서 소립자 가족이라고 해도 될 만큼 작디작은 가족과 함께 성장하면서 지긋지긋한 어린 시절 대부분을 책을 읽거나 텅 빈 창고에서 화학 실험을 하며 보냈기에, 나는 기이할 만큼 장애물의 존재에 무지했다. 열다섯 살에 고향을 떠나 대학에 입학했고, 이후 다양한 커리어를 쌓았으며, 직업 생활을 하며 내가 남성들과 맺은 관계는 몇몇 예외를 제외하면 친절하고 아무 문제도 일으키지 않는 듯 보였다. 그래서 나는 문제가 있다는 걸 계속 모르고 살았다. 내가 페미니스트인 줄도 몰랐는데, 열일곱 살에 결혼하며 내 성을 바꾸지 않았을 때 페미니스트적 관점은 전혀 대중적이지 않았고, 7년 뒤 남편과 이혼했을 때 집도 직업도 없는 파산 상태에서 여섯 살 난 아이를 부양해야 했음에도 이혼 수당을 받으라는 변호사의 당연한 제의를 분연히 거절한 것 역시 내게는 똑같이 '개인적인' 원칙의 문제로 보였다.

이따금 내가 만난 사람들은 독립적인 여성으로 살아가는 어려움을 넌지시 언급하곤 했다. 나는 늘 깜짝 놀랐고, 때로는 짜증스러웠는데, 당시에는 그들이 우둔하다고 생각했기 때문이다. 내게는 아무 문제도 없었다. 다른 여자들, 즉 고학력이고 무직이며 집에 묶인, 내 남성 동료의 아내들에게서 간간이 느껴지던 질투와 분노를 제외하면 말이다. 내가 예외임을 자각하고 있었지만 예외로 사는 것은 전혀 힘들지 않았고, 내가 누리는 혜택을 내 권리로 받아들였다. 지금은 그것이 잘못이었음을 안다.

나 같은 사례는 드물지 않다. 그리 역설적인 일은 아닌데, 대다수 여성이 해방되지 **않은** 진보적 사회에서 '해방된' 여성으로 사는 삶은 당혹스러울 만큼 쉬울 수 있다. 재능이 많고 쾌활하거나 자의식이 고집스럽게 부족하면 자율성을 주장하는 여성이 겪기 쉬운 초기의 장애물과 조롱을 (나처럼) 피할 수도 있다. 이런 여성은 독립적인 삶을 영위하기가 그리 어렵지 않을 것이며, 어쩌면 여성으로서 눈에 더 잘 띈다든지 하는 직업적 이득을 거둘지도 모른다. 이런 여성이 누리는 행운은 진보적이지만 여전히 인종차별적인 사회에서 일부 흑인이 누리는 행운과 똑같다. 모든 진보적인 집단(그 분야가 정치든 직업이든 예술이든)에는 토큰이 될 여성이 필요하다.

나는 지난 5년간 (여성 운동의 도움을 받아) 나의 경험을 특정 **정치적** 관점에서 바라보는 법을 배웠다. 내가 누린 행운은 요점과 아무 관련이 없다. 나의 경험이 무엇을 입증하는가? 아무것도 입증하지 못한다. 자신의 특권적 상황을 만족스럽게 받아들이는 이미 '해방된' 모든 여성은 다른 여성을 억압하는 데 일조한다. 나는 예술과 과학, 자유직, 정치 분야에서 커리어를 쌓은 여성의 압도적 다수가 다른 여성을 억압하고 있다고 생각한다.

성공한 여성 대다수가 얼마나 여성을 혐오하는지를 느끼고 충격받은 적이 많다. 그들은 다른 여성들이 얼마나 어리석고 따분하고 피상적이고 성가신지를, 자신이 남성 동료를 얼마나 더 선호하는지를 열렬히 말하려 한다. 기본적으로 여성을 경멸하고 아랫사람 보듯 하는 대다수 남성과 마찬가지로, '해방된' 여성들도 대개 다른 여성을 좋아하거나 존경하지 않는다. 그들은 다른 여성을 성적인 경쟁자로 여기고 두려워하거나, 그게 아니라면 직업적 경쟁자로 여기고 두려워한다. 그리고 거의 남성으로 구성된 직업 세계에 입장이 허용된 여성이라는 자신의 특별한 지위를 지키고 싶어 한다. '해방된' 여성으로 불리는 대다수 여성은 뻔뻔한 엉클 톰(백인의 억압에 순응하는 흑인을 의미하는 속어—옮긴이)이다. 그들은 남성 동료들에게 열심히 아첨하며 자기만큼 성공하지 못한 다른 여성들을 깎아내리는 공범이 되고, 그들이 여성으로서 겪는 어려움을 거짓말로 축소한다. 이런 행동은 다른 여성들도 노력만 한다면 자신처럼 성취를 거둘 수 있고, 남성이 세운 장벽은 쉽게 부술 수 있으며, 여성을 방해하는 사람은 주로 여성 자신이라는 의미를 내포한다. 이는 전혀 사실이 아니다.

'해방된' 여성의 첫 번째 책임은 최선을 다해 가장 충실하고 자유롭고 창의적인 삶을 살아가는 것이다. 두 번째 책임은 다른 여성들과 연대하는 것이다. 해방된 여성은 남성과 함께 살고 일하고 섹스할 수 있다. 그러나 여성이 처한 상황을 현실보다 더 단순하거나 덜 의심스럽거나 타협으로 가득하지 않은 것처럼 묘

사할 권리는 없다. 남성들과 좋은 관계를 맺으려고 다른 자매를 배신해서는 안 된다. (1973)

여성의 아름다움

모욕인가, 권력의 원천인가?

그리스인에게 아름다움은 미덕, 즉 일종의 탁월함이었다. 그리스 사람들은 오늘날 우리가 (부러워하며, 식상하게) **온전한** 인간이라고 부를 만한 존재였다. 만약 그리스인에게 어떤 사람의 '내면'과 '외면'을 구분할 일이 생긴다 해도, 여전히 그들은 외면의 아름다움이 내면의 아름다움에 필적한다고 생각했다. 소크라테스 주위에 모여든 아테네 명문가 자제들은 그토록 지적이고 용감하고 고결하고 매혹적인 자신의 영웅이 그토록 추하다는 사실을 매우 모순적으로 여겼다. 소크라테스가 몸소 실천한 교육 중 하나는 추한 모습으로 살아가는 것, 즉 분명 매력적인 외모를 지녔을 그 순진한 제자들에게 실제 삶이 얼마나 모순으로 가득한지를 가르치는 것이었다.

 그 제자들은 소크라테스의 가르침에 저항했을지도 모른

다. 우리는 저항하지 않는다. 수천 년이 흐른 지금, 우리는 아름다움의 매력을 더 경계한다. 아름답다는 사실은 더 이상 온전한 인간의 가치를 말해주지 않는다. 우리는 '내면'(인성과 지성)과 '외면'(외모)을 대단히 수월하게 분리할 뿐만 아니라, 아름다우면서 동시에 똑똑하고 재능 있고 선한 사람을 보면 놀라기까지 한다.

인간의 탁월함에 관한 고대 그리스의 이상에서 아름다움이 중심 위치를 빼앗긴 것은 주로 기독교의 영향이다. 기독교는 탁월함(라틴어로 **비르투스**virtus)을 **도덕적** 미덕에 한정함으로써 아름다움을 표류시켰고, 아름다움은 탁월함과 분리된 임의적이고 피상적인 매력이 되었다. 아름다움은 지금도 계속 위신을 잃고 있다. 거의 2세기 동안 아름다움을 두 성별 중 하나에, 곱지만 늘 2등인 성별에 귀속하는 것이 사회의 관습이 되었다. 이렇게 여성과 결부되면서 아름다움은 더더욱 도덕적 수세에 몰렸다.

영어에서 우리는 여성을 아름답다고 말한다. 하지만 남성은 잘생겼다. '잘생겼다'는, 아름답다는 칭찬과 같은 의미의(그리고 그 칭찬을 거부하는 의미의) 남성적 표현이다. 아름답다는 칭찬은 오로지 여성에게만 쓰이면서 비하의 의미가 축적되었다. 프랑스와 이탈리아에서는 지금도 남성을 '아름답다'고 칭한다는 사실을 통해 (개신교의 영향을 받은 국가들과 달리) 가톨릭 국가들에는 여전히 아름다움을 향한 비기독교적 찬사의 흔적이 남아 있음을 알 수 있다. 그러나 그 차이는, 존재한다 해도 그저 정도의 차이일 뿐이다. 기독교 사회든 탈 기독교 사회든, 모든 현대 국가에서 아름다운 성별은 여성이며, 결국 여성뿐만 아니라 아름다움의 개념까지 손상된다.

어떤 여성이 아름답다는 말은, 그 여성의 성격과 관심사의 본질을 말하는 것으로 여겨진다. (이와 달리 남성의 본질은 강하거나 인상적이거나 유능해지는 것이다.) 페미니즘을 깊이 자각한 사람이 아니어도, 여성에게 아름다움과의 관계를 가르치는 방식이 나르시시즘을 장려하고 의존성과 미성숙함을 강화한다는 것을 알아차릴 수 있다. 모두가(여성과 남성이) 그 사실을 안다. '모두가', 이 사회 전체가, 여성다움을 곧 자기 **외모**를 염려하는 것과 동일시하기 때문이다. (이와 달리 남성다움은 자신이 어떤 **사람**이고 무엇을 **하느냐**를 염려하는 것과 동일시되며, 외모는 염려한다 해도 부차적인 문제일 뿐이다.) 이런 고정관념을 고려하면, 아름다움이 기껏해야 엇갈린 평판을 얻는 것도 당연하다.

물론 아름답고 싶은 욕망 자체는 나쁜 것이 아니다. 나쁜 것은 아름다워야 한다는 의무, 또는 아름다워지려고 노력해야 한다는 의무다. 대다수 여성이 아름다움을 자기 성별을 추켜올리는 이상화로 받아들이지만, 사실 그것은 여성이 자신의 실제 모습 또는 평범한 성장의 결과에 열등감을 느끼게 하는 방식이다. 아름다움의 이상은 자기 억압의 한 형태로 작동하기 때문이다. 여성은 자기 몸을 **부위별로** 나누어서 각 부위를 따로 평가하라고 배운다. 가슴, 발, 엉덩이, 허리선, 목, 눈, 코, 안색, 머리카락 등등. 여성은 불안해하고 조바심치며, 때로는 절망하며 각 부위를 엄격하게 뜯어본다. 어떤 부위는 검열을 통과한다 해도 어떤 부위는 늘 부적합 판정을 받을 것이다. 오로지 완벽함만이 만족을 준다.

　　남성에게 좋은 외모는 한눈에 파악할 수 있는 전체다. 서로 다른 신체 부위를 측정해서 확인받을 필요가 없으며, 아무도 자기 외모를 조각조각 해부하라고 남성을 부추기지 않는다. 완벽함은 사소한 것, 거의 남자답지 못한 것으로 취급된다. 사실, 이상적으로 잘생긴 남자의 작은 결함이나 잡티는 긍정적인 매력으로 평가된다. 자신이 로버트 레드퍼드의 팬이라고 말하는 한 (여성) 영화비평가에 따르면, 레드퍼드는 한쪽 뺨에 잡티 같은 점들이 있는데, 이것이 그를 그저 "얼굴만 예쁜 사람"이 아니게 만든다. 이 평가에 내포된 여성(그리고 아름다움) 비하를 생각해보라.

　　"아름다움의 특권은 엄청나다"라고, 콕토는 말했다. 분명 아름다움은 권력의 한 형태다. 그래야 마땅하다. 개탄스러운 것은, 아름다움이 대다수 여성이 추구하도록 권장되는 유일한 형태의 권력이라는 점이다. 이 권력은 늘 남성과의 관계에서만 나타난다. 이 권력은 무언가를 하는 힘이 아니라 누군가를 끌어들이는 힘이며, 자신을 부정하는 힘이다. 자유롭게 선택할 수 있는 힘도 아니고(적어도 여성은 그럴 수 없다) 사회의 비난 없이 포기할 수 있는 힘도 아니기 때문이다.

　　여성에게 몸치장은 결코 즐거움일 수만은 없다. 몸치장은 의무이기도 하다. 몸치장은 여성의 일이다. 만약 여성에게 진짜 일이 있다면 (심지어 정치와 법, 의학, 사업 등등의 분야에서 정상에 올랐다고 해도) 그 여성은 매력을 유지하기 위해 여전히 노력해야 한다는 압박에 늘 시달린다. 그러나 어여쁜 성별의 자격을 유지하는 한, 그 여성은 객관성과 전문성, 권위, 생각의 깊이를 의심받는다. 이래도 문제고 저래도 문제다.

 여성 억압이라는 반은 웃기고 반은 비극적인 끝없는 이야기만큼 사람의 '내면'과 '외면'을 분리해서 생각하는 위험성을 잘 보여주는 증거는 없다. 먼저 여성을 자기 외모를 가꾸는 사람으로 정의한 다음 여성이 '피상적'이라고 비난하기는(또는 사랑스러워하기는) 얼마나 쉬운가. 이것은 조악한 함정이며, 너무 오래 작동한 함정이다. 그러나 여성이 이 함정에서 벗어나려면 아름다움이라는 탁월함 및 특권과 거리를 두고, '여성성'이라는 신화를 지탱하기 위해 아름다움 자체가 얼마나 축소되었는지를 비판적으로 바라볼 수 있어야 한다. 여성**에게서**, 그리고 여성을 **위해** 아름다움을 구할 방법이 있어야 한다. (1975)

아름다움

다음엔 무엇으로 바뀔 것인가?

풍성한 의미를 지닌 매혹적인 개념들은 원래 자기 모순적이다. 자유가 바로 그런 개념 중 하나다. 또 하나는 아름다움이다. 아름다움은 자연적 아름다움과 역사적 아름다움, 원시적 아름다움과 인공적 아름다움, 개별적 아름다움과 순응적 아름다움, 심지어 아름다운 아름다움과 추한 아름다움까지, 익숙한 대립적 의미들을 지나칠 정도로 많이 내포하고 있다.

아름다움은 보통 직감적으로 파악(그리고 감상)할 수 있다고 여겨지며 자연과 결부된다. 그러나 아름다움이 역사적 사실이라는 것은 너무나도 명백하다. 아름다움의 개념은 다양한 문화에서 놀라울 만큼 다채롭게 나타난다. 이른바 원시 사회나 근대 이전의 사회에서 아름다움은 인공물과 연결된다. 체모를 뽑고, 몸에 그림을 그리고, 장식으로 피부에 흉터를 남기는 것은 기본적인 몸치장 중에서도 순한 형태에 속한다. 어떤 문화에서는 더욱 야심차게 신체를 훼손해서, 입술을 작은 접시처럼 만들고, 엉덩이뼈를 툭 튀어나오게 하고, 발을 짓뭉개는 등 오늘날 우리가 명백히 추하거나 과하다고 여기는 아름다움의 이상을 실천했다.

그러나 아름다움의 구조는, 특별히 더 별나거나 끈질겨 보일 때조차 본질적으로 허약하다. 아름다움이 아무리 인공적이거나 아무리 자연스러워도, 모든 문화가 지닌 아름다움의 이상은 다른 문화와 접촉하며 변형되기 마련이다. 제2차 세계대전 이후 일본에서 실시된 눈 성형수술 통계가 증명하듯, 문화적 강간이 발생하면 한 사회는 그들이 지닌 고유한 아름다움의 기준에 급격히 자신감을 잃기도 한다.

또 다른 모순. 아름다움은 늘 '주어지는 것'으로 여겨진다. 그러나 동시에 습득하는 것으로 여겨지기도 한다. 아름다움은 운동과 적절한 식단, 로션, 크림을 통해 돌봐야 하는 것, 보살펴야 하는 것, 키울 수 있는 것이다. 또한 아름다움은 화장과 돋보이는 옷을 통해 어느 정도까지는 만들어내거나 꾸며낼 수 있는 것이다. (물론 최후의 수단은 성형수술이다.) 아름다움은 우리 시대에 뷰티 '산업'이 된 미화 기술의 원료다. 아름다움은 선물(어떤 사람은 아름답게 태어나며 어떤 사람은 자연 또는 신의 노골적인 불의를 통과하지 못한다)이자 자기 계발의 한 방식으로 간주된다. 신체적 매력은 여성의 자연스러운 상태이자, 동시에 여성들이 다른 여성과 구분되기 위해 열심히 노력하고 성실하게 추구해야 하는 것으로 여겨진다.

이 사실은 또 다른 역설을 암시한다. 아름다움은 사람을 눈에 띄고 특별한 존재로 만든다. 그러나 아름답다는 것은 규범이나 규칙('유행')에 부합한다는 뜻이기도 하다. 아름다움이 진실이나 자유 같은 개념처럼 (암묵적으로나마) 상반되는 반대 개념과 대비되어야 의미가 생긴다는 점을 기억하면 이 모순은 어느 정도 완화된다. 그러나 '추함'이 '아름다움'이 암시하는 유일한 반의어라는 생각은 너무 순진하다. 유행의 논리에 따르면, 실제로 아름다움은 (처음에는) 보통 추해 보여야 한다. '아름다움'이 암시하는 반의어는 오히려 '흔함'이나 '진부함'이다.

아름다움의 문제에서 우리는 모두 시골뜨기로 태어난다. 그리고 무엇이 아름다운지를 배운다. 즉, 아름다움은 학습할 수 있고, 실제로 학습된다는 뜻이다. 그러나 이런 가르침은 결코 평등주의적 태도를 퍼뜨리지 않는다. 아름다움은 성차별적 규칙 안에서 작동하는 계급 제도이며, 아름다움의 가차 없는 평가 방식과 우월감 및 열등감을 집요하게 조장하는 특성은 상향 및 하향 이동이 어마어마함에도 (어쩌면 어마어마하기 때문에) 사라지지 않고 계속된다. 아름다움은 사회의 계급 사다리를 오르려는 끝없는 노력이다. 그리고 이 노력은, 우리 사회에서 아름다운 계급에 속할 수 있는 조건이 계속 변한다는 사실 때문에 더욱 고되다. 계급의 꼭대기에는 '스타'들이 있고, 이들이 **새롭고** 오만한 아름다움의 개념을 세상에 내놓을 권리를 독점하며, 그 이후에 수많은 사람이 이 개념을 수용하고 모방한다.

아름다움 개념의 변화 중 일부는 진짜 변화가 아니다. 겉으로는 서로 달라 보이는 아름다움의 기준도 사실은 똑같은 가치를 찬양하는 경우가 많다. 대다수 유럽인과 미국인(여성 포함)이 실외에서 일하던 때에 여성적 아름다움의 필수 요소는 새하얀 피부였다. 이제는 대다수가 실내에서 일하므로 구릿빛 피부가 매력을 발휘한다. 아름다움의 이상이 달라진 듯 보여도, 그 안의 기준은 그대로 유지된다. 창백한 피부든 구릿빛 피부든 높이 평가받는 요소는 고된 노동과 연관되지 않는 피부색, 호사와 특권, 여가를 상징하는 피부색이다. 또 다른 사례. 지난 100년간 이상적인 여성의 몸이 갈수록 마른 몸(특히 엉덩이)이 된 것은 임의적인 '취향'의 변화 때문이 아니다. 역사를 통틀어 모든 사회가 가혹한 결핍 상태에 놓여 있었기에 대다수가 음식을 충분히 먹지 못했고, 그들의 눈에는 대체로 풍만함(심지어 비만)이 아름다워 보였다. 전례 없이 풍족해져서 역사상 처음으로 대다수가 음식을 지나치게 많이 먹게 된 현대 유럽과 북미에서는 마른 게 차별점이 된다.

그러나 아름다움의 여러 기준이 '다수'에서 '소수'를 구분하는 요소에 달려 있다고 해서 우리 사회의 아름다움 개념이 전부 비슷하다거나 흥미로운 변화가 전혀 없다는 뜻은 아니다. 알다시피 아름다움은 소비사회의 명령에 따라 피어난다. 그 명령은, 전에는 존재하지 않았던 필요를 창출하라는 것이다.

비교적 소수의 사람들만 광고의 타깃이 되는 소비주의의 초기 단계에는 아름다움의 기준이 여전히 도발적일 만큼 높고 고

상할 수 있다. 이때 아름다움은 허약함, 접근 불가능함, 화려함, 우아함과 연결된다. 그러나 아름다움을 원하는 고객의 수가 꾸준히 늘어날수록 기준은 살짝 낮아질 수밖에 없다. 오늘날 우리가 가진 아름다움의 본보기는 전만큼 귀족적이거나 멜랑콜리하거나 위협적이지 않다.

사라 베르나르, 그레타 가르보, 마를레네 디트리히는 가장 유명한 **먼 나라의 공주**들로, 이들의 나른하고 정적인 자세와 완벽한 얼굴은 지난 몇 세기간 엄청난 권위로 사람들을 매혹시켰다. 이 같은 수준의 충성과 상상력의 복종은 그들과 같은 종족의 (너무 뒤늦은) 후기 대표주자, 즉 그레이스 켈리와 카트린 드뇌브 같은 가짜 공주들에게는 주어진 적 없었다. **나의** 취향에 이들은 그저 너무 아름답기만 하다. (드뇌브와 켈리의 커리어가 정체되거나 중단된 것을 보면, 우리 세대에서 **그렇게나** 아름다운 것은 일종의 핸디캡이다. 애매한 사례는 페이 더너웨이인데, 그는 이미 이 문제로 커리어가 흔들리고 있다. 스타로서 성공하기 위해 더너웨이는 자신의 아름다움을 숨길 수 있는 역할을 찾아야 한다.)

오늘날 아름다움의 이상은 더 '자연스럽고', 건강하고, 다양하며, 나른함보다는 활동을 강조한다. (그러나 그런 활동들도 로맨틱한 교제나 스포츠, 휴가처럼 여전히 일보다는 여가와 동일시된다.) 아름다움은 더 이상 이상이 아니며 개별화되었다. 아마도 이러한 변화 덕분에 아름다움의 고객들은 자신이 터무니없이 높은 기준을 충족하지 못한다는 데 전만큼 불안해하지 않을 것이다. 그러나 아름다움의 기준이 비교적 접근하기 쉬운 형태로 점점 대중화되는 듯 보이더라도, 그 기준을 전파하는 것은 여전히 '스타'들이다.

유행이 설정하는 아름다움의 기준은 당연히 높으며, 어쩌면 너무 높을 수도 있다. 그렇지 않으면 매력적이지 않을 테니까. 그러면서 모두가 그 기준을 충족할 수 있다고 말한다. 그러나 아름다움의 개념은 권위와 모순적인 매력을 잃지 않으면서 얼마나 대중화될 수 있을까? 어쩌면 우리 문화에서 발생하는 아름다움의 대중화는 전부 거짓이며, 그저 또 한 차례의 유행일지도 모른다. 이렇게 유행은 완벽함을 찬미하는 동시에 대놓고 완벽함을 경시하는 척한다. 심지어 '자연스러움'도 연출의 한 형태라서, 엄청난 수완을 발휘해야 '자연스러워' 보일 수 있다. 로렌 허턴은 사라 베르나르만큼이나 따라 하기 쉽지 않을 것이다.

오늘날의 아름다움 개념이 자연스러운 동시에 더욱 연극적인 것은 소비사회에서 아름다움과 뷰티 '산업'이 맡는 역할 때문이다. **반**소비 사회의 본보기인 중국에는 아름다움이라는 관념이 아예 존재하지 않는다. 소비주의로 이행하는 초기 단계에 있는 사회인 소련은 아름다움의 관념이 존재하지 않거나 역행한다. 소련이 처음으로 시도한 '유행'은 우리 기준에서 촌스럽고 진부해 보일 뿐만 아니라 (결국에는 같은 말일 수도 있는데) 여성성에 관한 구시대 부르주아의 고정관념을 반영한다. 해변에서 러시아인이 부끄러워하지 않고 풍만한 살집을 드러내는 모습에서 알 수 있듯이, 그들은 (우리가 보기에) 놀라울 만큼 추함을 의식하지 않는

듯 보인다. 자의식은 소비사회에 진입하면 생겨날 것이며, 그렇게 되면 아마 현재 구소련에 만연한 비교적 평등한 여성의 상황(최소한 일자리에서만이라도)에서 일시적으로나마 뒷걸음질 치게 될 것이다. 그러나 러시아인이 우리의 선진 소비사회에서 완성된 기발한 아름다움 개념을 수용하기까지는 오랜 시간(얼마나 긴 풍요로운 세대를 거쳐야 할까?)이 걸릴 것이다.

물론 아름다움은 신화다. 문제는 어떤 종류의 신화냐는 것이다. 지난 2세기 동안 아름다움은 여성을 가두는 신화였다. 오로지 여성하고만 관련되었기 때문이다. 우리가 물려받은 아름다움 개념은 남성이 발명한 것이며 (더 우월하고 심오한 자신들의 가치를 지탱하기 위해) 지금도 거의 남성의 손에 관리되고 있다. 남성은 이 체제에서 용의주도하게 자신을 배제한다.

그러나 이러한 상황은 변하기 시작하고 있다. 지난 10년간 남성적 아름다움이 모습을 드러냈다. 아름다움의 신화는 다시 한번 양성 모두의 것이 되어가고 있다. 남성이 그저 정력 넘치고 털이 수북한 포식 동물이 아니라 성적 '대상'으로 취급받고 자신을 그렇게 인식하겠다고 동의하면서, 오늘날 아름다움의 기준은 여성뿐만 아니라 남성에게도 적용되고 있다. 최근 미의 기준이 (최소한 청년 사이에서는) 점점 단일해지면서, 어느 정도는 아름다움의 신화가 덜 보수적으로, 즉 여성에게 덜 유해한 쪽으로 바뀌는 듯하다.

분명, 남녀 공통의 아름다움을 추구하는 취향은 진정한 급진적 변화가 아니다. 개념으로서의 아름다움은 남성적 아름다움이라는 새로 식민화된 양성적 세계에서조차 여전히 '여성성'을 암시한다. 그러므로 데이비드 보위의 아름다움은 그가 캐서린 헵번의 아름다움과 얼마나 유사한가(그리고 헵번의 아름다움을 어떻게 해석하는가)에서 나온다. 그러나 남성적 나르시시즘의 규모와 윤리, 결과는 여성적 나르시시즘과는 다르다. 사회는 자기 외모를 가꾸는 행위를 남성의 의무로 정의하지 않는다. 남성에게 외모 가꾸기는 선택이지, (여성에게 그렇듯) 자기 성 정체성의 일부로 간주되는 의무가 아니다.

남성의 기준이 더 댄디해진 바로 그때, 일부 여성은 피부가 곱고, 냄새가 없고, 게으르고, 머리가 텅 빈 상냥한 놀잇감이라는 여성 이미지를 강화하는 아름다움의 관습에 반기를 들고 일어났다. 화장에 대한 저항이 휘몰아쳤다. 어떤 여성들은 다리털 면도를 그만두었다. 미용실을 애용하는 젊은 여성의 수가 점점 줄고 있다. 자신에게 손을 댈 필요가 없고, 아름다워지기 위해 예술 작품이 될 필요가 없다고 판단한 여성들에게, 여성의 아름다움은 페미니즘의 슬로건으로서 새로운 논쟁적 의미를 지니게 되었다.

페미니스트들은 아프리카계 미국인이 "검은색은 아름답다"고 선언한 것과 똑같은 저항 정신으로 "여성은 아름답다"고 단언했다. 흑인들이 자신에게 더 '자연스러운' 비백인의 아름다움 기준을 회복하고 있었듯, 여성들도 억눌렸던 아름다움의 자유를 회복하고 있었다.

페미니즘(명백하고 타당한 이유로, 여성에게 강요되는 전통적 아름다움에 그간 다소 거칠게 반응했다)은 더욱 '자연스러운' 아름다움을 요구하고 있다. 그러나 이 개념도 여전히 영향력 있고 인상적인 다른 아름다움 개념들과 경쟁한다. '스타일'이 가장 풍성하고 중요한 개념이었던 1960년대에 페미니즘적 비판이 매우 효과적이고 강렬하게 나타난 것은 우연이 아니다. (물론 내가 말하는 1960년대 '스타일'의 승리는 **다양한** 스타일이 인정된 것을 의미한다.) 새로 등장한 관대한 기준에 따르면, 추한 것(기이하고 별난 것)도 아름답다. '자연스러움'도 아름답다. 그러나 '부자연스러움' 또한 아름답다. 상상이 빠르게 퍼져 나간다. 변화는 상수다.

아름다움의 개념은 점점 더 빠른 리듬으로 연이어 수정되고 있다. 그러므로 얼굴이나 신체의 그 어떤 이상도 평생 지속되는 것이 아니며, 한 개인이 성인기 초반을 통과하는 동안에도 수차례 큰 개편이 있으리라 예측할 수 있다. (현재 서른다섯이 넘었다면 이미 아름다움의 이상이 여러 번 급변하는 것을 경험했을 것이다. 유행은 1940년대와 1950년대 초반의 풍만한 가슴에서 1960년대의 소년 같은 실루엣으로, 힘들게 쫙쫙 편 머리카락에서 풍성한 아프로 스타일로 이동했다.)

그러나 최근 발생한 아름다움 개념의 구체적 변화보다 더욱 중요한 것은 아름다움이 변화한다는 인식이 널리 확산된 것이다. 한때는 인류학자와 복식 사학자, 사회학자, 패션 전문가의 전문 지식이었던 것이 이제는 상식이 되었다. 아름다움의 '상대성'

을, 문화마다 아름다움을 달리 구성하며 우리 문화에도 아름다움의 개념에 복잡한 역사가 있다는 사실을 모두가 인정한다. 아름다움의 개념은 이제 스스로를 인식하는 시기에 접어들었다. 제시되는 모든 아름다움의 개념 뒤에는 그것이 오래 지속되지 않을 것이며, 그저 '유행'일 뿐이라는 의미가 숨어 있다.

어떤 면에서 우리는 예전만큼 아름다움을 진지하게 받아들일 수 없다. 그러나 이제는 아름다움을 자유롭게 갖고 놀 수 있다. 따라서 과거의 스타일을 차용하는 하이패션은 사실상 아이러니와 동의어다. 옷은 의상이 된다. 한때는 불편하게 받아들여졌던 동성애적 취향의 영향이 이제는 아무렇지 않게 수용된다. 순수의 시대에 아름다움은 고정된 실질적 가치로 여겨진다. 우리는 순수의 시대를 지나왔다.

이제는 모두가 힘을 합쳐 아름다움은 고정된 것이라는 과거의 정적인 신화를 훼손하고 있다. 값비싸게 제작되어 유행을 형성하고 퍼뜨리는 잡지들은 의도치 않게 블레어 사볼Blair Sabol 같은 패션 산업의 예리한 비평가들만큼이나 보수적인 아름다움의 개념을 허무는 데 일조한다. 유행의 추종자들과 그런 유행에 대한 페미니즘적 비판 모두가 아름다움이라는 신화의 영속성을 약화하고 있다. 그리고 아름다움을 키우고 있다. 이러한 '유행'의 손길이 닿은 사회에서는 점점 더 많은 사람이 근사해지는 듯하다. 아름다움에 대한 우리의 개념이 빠르게 변화하는 것은 그저 정보 전달이 더욱 빨라진 현대 사회의 부산물이 아니다. 이는 그 자체로 아름다움의 개념을 질적으로 변화시켜 아름다움을 덜 억압적이고, 더 자발적이고, 더 흥미로운 것으로 만든다.

아름다움은 계속해서 더욱 복잡해지고 스스로 의식하며 끝없는 (어느 정도는 강요된) 변화를 겪는다. 페미니스트의 관점에서 이는 좋은 소식일 수 있다. 탐미주의자와 감각주의자에게도 역시 좋은 소식이다. 이번만은 (페미니즘적 신념을 가진) 도덕주의자와 탐미주의자의 이해관계가 일치하는 것 같다. 이제 두 집단 모두 변화가 아름다움의 **본질**이라는 사실에서 얻을 점이 있다. (1975)

매혹적인 파시즘

I

첫 번째 증거물. 여기 레니 리펜슈탈의 멋진 컬러 사진 126장이 담긴 사진집이 있다. 최근 몇 년간 출간된 것 중 가장 아름다운 사진집이다. 수단 남부의 척박한 산맥에 신처럼 초연한 누바족 약 8천 명이 산다. 완벽한 신체의 상징인 이들은 커다랗고 잘생긴 두상을 일부만 면도했고, 표정이 풍부하며, 근육질의 몸은 털을 매끈하게 밀고 흉터로 장식했다. 남자들은 메마른 산비탈에서 신성한 회백색 재를 온몸에 바른 채 성큼성큼 걷고, 쭈그려 앉고, 생각에 잠기고, 레슬링을 한다. 『누바족의 최후The Last of the Nuba』 뒤표지에는 리펜슈탈 본인의 흑백사진 열두 장이 흥미롭게 배치되어 있다. 역시나 아름다운 이 연대순의 사진들(관능적인 내면이 엿보이는 얼굴에서 시작해, 텍사스에서 사파리 여행 중인 중년 여성의 환한 미소로 이어진다)에서 고집스러운 노화의 행군은 찾아볼 수 없다. 첫 번째 사진은 스물다섯의 나이로 이미 영화배우였던 1927년에 찍었고, 가장 최근 사진은 1969년(벌거벗은 아프리카인 아기를 껴안고 있다)과 1972년(카메라를 들고 있다)에 찍은 것인데, 두 사진 모두 어떤 이상적인 존재를 보여준다. 소프라노 가수 엘리자베트 슈바르츠코프처럼 나이 들수록 더 활기차고 반짝이고 건강해 보이는 불멸의 아름다움이 드러난다. 책날개에는 리펜슈탈의 생애가 간략하게 실려 있고, '레니 리펜슈탈은 어떻게 코르도판에 있는 메사킨 누바족을 연구하게 되었는가'라는 제목의, 불온한 거짓말로 가득한 (작자 불명의) 서문이 있다.

리펜슈탈의 수단 순례길을 자세히 설명하는 이 서문("1950년대 중반의 어느 잠 못 들던 밤" 헤밍웨이의 『아프리카의 푸른 언덕』을 읽다가 영감을 받았다고 한다)은 그를 "전쟁 이전에는 신화적인 영화감독이었으나, 한 국가가 역사의 한 시기를 기억에서 지우기로 결정하면서 반쯤 잊힌 인물"로 간결히 소개한다. 알 수 없는 이유로 모호하게 지칭된 "한 국가"에서 "역사의 한 시기"를 잊겠다는 비겁하고 개탄스러운 행위를 하기로 "결정"했다는 이야기를, 리펜슈탈 본인이 아니라면 누가 떠올릴 수 있었을까? 아마 일부 독자는 독일과 제3제국을 암시하는 이 두루뭉술한 설명에 깜짝 놀랄 것이다.

책날개에 실린 소개글은 리펜슈탈의 커리어를 서문보다 더 포괄적으로 설명하며 리펜슈탈이 지난 20년간 퍼트린 거짓 정보를 앵무새처럼 반복한다.

레니 리펜슈탈이 영화감독으로서 국제적 명성을 얻은 것은 독일의 어둡고 중대한 시기였던 1930년대다. 1902년에 출생한 리펜슈탈이 처음 헌신한 분야는 창작 무용이었다. 이를 통해 그는 무성영화에 참여하게 되었고, 곧 〈산The Mountain〉(1929) 같은 유성영화를 직접 만들고 출연하기 시작했다.

이 긴박하고 낭만적인 작품들은 널리 호평받았으며, 특히 1933년에 정권을 잡은 아돌프 히틀러는 리펜슈탈에게 1934년에 열린 뉘른베르크 전당대회의 다큐멘터리 제작을 의뢰하기도 했다.

나치 시대를 "독일의 어둡고 중대한 시기였던 1930년대"로 묘사하고, 1933년에 발생한 사건들을 히틀러가 "정권을 잡았다"는 말로 요약하고, 그 당시 정확히 나치 프로파간다로 여겨진 작품을 만든 리펜슈탈이 동시대 인물인 르누아르와 루비치, 플라어티처럼 "영화감독으로서 국제적 명성"을 누렸다고 주장하려면 어느 정도 독창성이 필요하다. (출판사에서 책날개의 소개글을 리펜슈탈 본인에게 맡겼을까? 이런 고약한 생각을 하기는 좀 망설여진다. "리펜슈탈이 처음 헌신한 분야는 창작 무용이었다"라는 문장은 영어 모국어 사용자가 좀처럼 쓰지 않는 표현이긴 하지만.)

물론 이 정보들은 부정확하거나 허구다. 리펜슈탈은 〈산〉(1929)이라는 유성영화를 직접 만들거나 출연하지 않았으며, 그런 영화 자체가 존재하지 않는다. 더 전반적으로, 리펜슈탈은 단순히 먼저 무성영화에 참여하다가 유성영화가 등장하자 자기 작품을 직접 감독하고 출연하기 시작한 것이 아니다. 자신이 출연한 영화 아홉 편에서 리펜슈탈은 전부 주연을 맡았고, 그중 일곱 편은 본인이 직접 감독하지 않았다. 그 일곱 편은 무성영화인 〈신성한 산The Holy Mountain〉(1926)과 〈도약The Big Jump〉(1927), 〈합스부르크 왕가의 운명The Fate of the House of Habsburg〉(1928), 〈피츠 팔뤼의 하얀 지옥The White Hell of Pitz Palü〉(1929), 유성영화인 〈눈사태Avalanche〉(1930)와 〈하얀 광란White Frenzy〉(1931), 〈S.O.S. 빙산S.O.S. Iceberg〉(1932–1933)이다. 한 편을 제외하고 전부 아르놀트 팡크가 감독했는데, 1919년부터 여러 산악영화로 큰 성공을 거둔 팡크는 1932년에 리펜슈탈이 감독으로 독립한 후 단 두 편의 영화를 더 만들었고 두 편 모두 완전히 실패했다. (팡크가 감독하지 않은 영화는 〈합스부르크 왕가의 운명〉으로, 오스트리아에서 만든 이 왕당파 신파극에서 리펜슈탈은 마이얼링에서 루돌프 황태자와 동반 자살한 마리 베체라 역을 맡았다. 남아 있는 필름은 없는 듯하다.)

팡크가 리펜슈탈과 함께 찍은 대중적 바그너풍의 작품들은 그저 "긴박하고 낭만적"인 것만이 아니었다. 제작 당시에는 분명 비정치적인 작품으로 여겨졌겠지만, 지금 돌아보면 이 영화들은 지크프리트 크라카우어의 지적처럼 원조 나치 정서의 모음집처럼 보인다. 팡크의 영화에서 등반은 높고 신비로우며 아름답고도 두려운 목표를 향한 무한한 열망을 나타내는 매우 강렬한 시각적 은유였으며, 이 열망은 훗날 총통 숭배로 구현되었다. 보통 리펜슈탈은 다른 "산기슭의 돼지들"이 겁내는 정상에 용감히 오르는 거친 소녀 역할을 연기했다. 리펜슈탈이 무성영화 〈신성한 산〉(1926)에서 처음 연기한 디오티마라는 이름의 젊은 무용수는 한 열정적인 등반가의 구애를 받고, 그를 통해 등반이 주는 건강한 황홀경에 빠져든다. 이러한 캐릭터는 갈수록 강화되었다. 리펜슈탈은 본인의 첫 번째 유성영화인 〈눈사태〉에서 젊은 기상학자를 사랑하는 산에 홀린 소녀를 연기한다. 소녀는 폭풍으로 몽블랑의 관측소에 갇힌 기상학자를 구해낸다.

리펜슈탈은 직접 여섯 편의 영화를 감독했는데, 그중 첫 번째인 〈푸른 빛The Blue Light〉(1932) 역시 산악영화다. 여기서도 주연을 맡은 리펜슈탈의 역할은 "널리, 특히 아돌프 히틀러에게 호평받은" 팡크 감독 영화에서의 역할과 유사했지만, 이 영화에서는 팡크가 다소 보이스카우트처럼 다룬 갈망, 순수, 죽음 같은 어두운 주제를 알레고리화했다. 늘 그렇듯 산은 지극히 아름다운 동시에 위험한 곳으로 그려지며, 이 장엄한 힘은 자아를 궁극적으로 긍정하는 동시에 자아에서 벗어나 용감한 형제애와 죽음에 빠져들게 한다. 리펜슈탈이 직접 고안한 본인의 역할은 파괴적 힘과 특별한 관계를 맺은 원시적 존재다. 오로지 마을에서 쫓겨난 누더기 차림의 소녀 준타만이 크리스텔로 산의 정상에서 뿜어져 나오는 신비한 푸른 빛에 가까이 다가갈 수 있다. 마을의 다른 젊은 주민들은 빛에 홀려 크리스텔로 산을 오르다 추락해 죽고 만다. 결국 준타가 죽는 이유는 산이 상징하는 불가능한 목표 때문이 아니라, 질투에 휩싸인 마을 주민들의 물질주의적이고 세속적인 태도와 도시에서 온 선량한 방문객인 연인의 맹목적 합리주의 때문이다.

　　리펜슈탈이 〈푸른 빛〉 다음으로 감독한 영화는 "1934년에 열린 뉘른베르크 전당대회의 다큐멘터리"가 아니라(리펜슈탈이 1950년대부터 해온 주장과 그의 이력을 세탁하는 최근의 설명에 따르면 리펜슈탈이 제작한 논픽션 영화는 두 편이지만, 사실은 네 편이다), 히틀러가 정권을 잡은 뒤 처음으로 열린 국가사회당 대회를 기념하는 〈신념의 승리Victory of the Faith〉(1933)다. 그다음 감독한 두 편의 영화로 리펜슈탈은 국제적 명성을 얻었는데, 첫 번째는 그다음 국가사회당 대회를 다룬 〈의지의 승리Triumph of the Will〉(1935)(이 영화의 제목은 『누바족의 최후』 책날개에 전혀 언급되지 않는다), 두 번째는 총통을 위해 복무하는 군인들의 아름다움을 묘사한 18분 길이의 단편 영화 〈자유의 날: 우리의 군대Day of Freedom: Our Army〉(1935)다. (이 영화 역시 전혀 언급되지 않는 것도 놀랄 일은 아니다. 1971년에 필름 하나가 발견되었는데, 리펜슈탈 본인을 비롯한 모두가 이 영화의 필름이 완전히 사라졌다고 믿었던 1950년대와 1960년대에 리펜슈탈은 자기 작품 목록에서 이 영화를 뺐고 인터뷰에서도 일절 함구했다.)

　　책날개의 소개글은 다음과 같이 이어진다.

　　괴벨스는 리펜슈탈의 영상을 프로파간다로 활용하고자 엄격한 요구 사항을 내세웠으나 리펜슈탈은 이를 거부했고, 결국 리펜슈탈이 1936년 올림픽 경기를 다룬 영화 〈올림피아Olympia〉를 찍을 무렵 두 의지의 싸움은 절정에 달했다. 괴벨스가 〈올림피아)를 망치려 했으나, 영화는 히틀러의 개입 덕분에 살아남을 수 있었다.

1930년대 가장 주목할 만한 두 다큐멘터리로 명성을 얻은 리펜슈탈은 나치 독일의 부상과 관계없이 계속 영화를 만들었으나 1941년의 전쟁으로 제작을 지속하기가 불가능해졌다.

리펜슈탈은 제2차 세계대전이 끝날 무렵 나치 지도부와의 면식을 이유로 체포되었고, 두 번의 재판에서 모두 무죄 판결을 받았다. 독일의 한 세대 전체가 리펜슈탈의 이름을 알았음에도, 그의 명성은 사그라들었고 사람들에게서 거의 잊혔다.

나치 독일에서 모두가 리펜슈탈의 이름을 알았다는 부분을 제외하면 이 소개글의 내용은 전부 거짓이다. 〈의지의 승리〉를 본 사람이라면 리펜슈탈이 예술을 모르는 관료들과 후원자 국가의 검열("괴벨스는 리펜슈탈의 영상을 프로파간다로 활용하고자 엄격한 요구 사항을 내세웠으나")에 저항하는 개인주의적 예술가였다는 묘사를 분명 터무니없게 여길 것이다. 이 영화의 개념 자체가 영화 제작자에게 프로파간다와 무관한 미적 개념이 있을 수 있다는 가능성을 부인하기 때문이다. 리펜슈탈이 전쟁 이후로 줄곧 부인해 온 사실은, 그가 〈의지의 승리〉를 찍을 때 정부가 아낌없이 협력하며 무한한 편의를 제공했다는 것이다(리펜슈탈과 독일 선전부 장관 사이에는 그 어떤 갈등도 없었다). 실제로 리펜슈탈은 〈의지의 승리〉 제작 과정을 담은 짧은 책에서 직접 이야기했듯 전당대회 계획에 참여했고, 전당대회는 처음부터 영화의 스펙터클을 위한 장치로 구상되었다.◆ 〈올림피아〉(**국민의 축제**와 **아름다움의 축제**로 나뉜 2부 구성의 3시간 30분짜리 영화) 역시 국가 제작 영화였다. 리펜슈탈은 1950년대부터 인터뷰에서 〈올림피아〉가 국제 올림픽 위원회의 의뢰를 받아 괴벨스의 반대를 무릅쓰고 본인의 회사에서 직접 만든 영화라고 주장해왔다. 그러나 사실 〈올림피아〉는 나치 정부의 의뢰로 정부가 자금을 전액 지원했으며(정부가 제작자로 이름을 올리는 것이 현명하지 못하다는 판단에서 리펜슈탈의 명의로 유령회사를 세웠다), 촬영의 모든 단계에서 괴벨스 선전부의 지원을 받았다.◆◆ 미국의 흑인 육상 스타 제시 오언스가 경기에서 승리하는 장면을 괴벨스가 반대했다는 그럴싸한 전설조차 사실이 아니다. 리펜슈탈은 히틀러의 49번째 생일 기념 행사의 일환으로 1938년 4월 29일 베를린에서 〈올림피아〉를 최초 상영하기 위해 18개월간 영화를 편집한 뒤 늦지 않게 제작을 끝마쳤다. 그해 연말 베니스 영

◆ 레니 리펜슈탈, 『나치 전당대회 영화의 뒷이야기Hinter den Kulissen des Reichsparteitag-Films』(뮌헨, 1935). 31쪽에 히틀러와 리펜슈탈이 허리를 굽혀 계획안을 들여다보는 사진이 있고, 그 아래 "전당대회 준비는 카메라워크 준비와 함께 이루어졌다"라는 캡션이 있다. 전당대회는 9월 4~10일에 열렸는데, 리펜슈탈은 자신이 5월에 작업을 시작해 영화의 시퀀스를 짜고 카메라용 브리지와 타워, 트랙의 정교한 제작 과정을 감독했다고 말한다. 8월 말, 히틀러가 "현장을 점검하고 최종 지시를 내리기 위해" SA(나치당의 돌격대) 수장이었던 빅터 루체와 함께 뉘른베르크를 찾았다. 리펜슈탈의 카메라맨 서른두 명은 촬영 내내 SA 제복을 입고 있었는데, "누구도 민간인 복장으로 이미지의 엄숙함을 깨지 말라는 참모총장[루체]의 제언" 때문이었다. SS(나치당의 친위대)가 경비대를 제공했다.

화제에서 〈올림피아〉는 독일의 주요 출품작으로서 금메달을 수상했다.

리펜슈탈이 "나치 독일의 부상과 관계없이 1941년까지 계속 영화를 만들었다"는 것 또한 거짓이다. 1939년에 (월트디즈니의 초대로 할리우드에 다녀온 뒤) 리펜슈탈은 제복 입은 군대 종군 기자로서 본인의 카메라 팀과 함께 독일 국방군의 폴란드 침공에 동행했으나 전쟁 이후로는 그 어떤 관련 자료도 남아 있지 않다. 〈올림피아〉 후로 리펜슈탈은 정확히 영화 한 편을 더 만들었는데, 〈저지대Lowland〉라는 제목의 이 영화는 1941년에 찍기 시작한 뒤 잠시 중단했다가 (나치가 점령한 프라하의 바란도프 영화 스튜디오에서) 1944년에 촬영을 재개해 1954년에 완성했다. 〈푸른 빛〉과 마찬가지로 〈저지대〉도 저지대나 골짜기의 타락과 산맥의 순수함을 대조하며, 이번에도 역시 주인공은(리펜슈탈 본인이 연기했다) 아름다운 추방자다. 리펜슈탈은 극영화 감독으로서 쌓은 긴 커리어에 다큐멘터리는 단 두 편뿐이라는 인상을 주려고 하지만, 사실 그가 감독한 여섯 편의 영화 중 네 편이 나치 정부를 위해 자금을 지원받아 만든 다큐멘터리였다.

리펜슈탈이 히틀러 및 괴벨스와 맺은 업무 관계와 그들의 친밀함을 "나치 지도부와의 면식"으로 묘사하는 것은 매우 부정

◆◆ 한스 바르크하우젠, "리펜슈탈의 '올림피아' 제작 과정에 대한 주석", 《필름 쿼털리Film Quarterly》, 1974년 가을호 참고. 최근 몇 년간 미국과 서유럽의 영화잡지가 리펜슈탈에게 찬사를 쏟아내는 가운데 사실 정보에 기반해 이의를 제기한 드문 글이다.

확한 설명이다. 리펜슈탈은 1932년 이전부터 히틀러의 가까운 친구이자 동지였고, 괴벨스의 친구이기도 했다. 리펜슈탈은 1950년대 이후로 괴벨스가 자신을 싫어했으며 권력을 이용해 자기 작업을 방해했다는 주장을 꾸준히 해왔으나 이 주장을 뒷받침하는 근거는 어디에도 없다. 리펜슈탈은 개인적으로 히틀러를 마음껏 만날 수 있었기에 당시 독일 감독 중 유일하게 괴벨스 선전부 산하 영화국의 지시에서 자유로웠다. 마지막으로, 리펜슈탈이 종전 이후 "두 번의 재판에서 모두 무죄 판결을 받았다"는 말은 오해의 소지가 있다. 실제 있었던 일을 정확히 말하면, 리펜슈탈은 1945년에 연합군에 잠시 체포되었고 (베를린과 뮌헨에 있는) 집 두 채를 압류당했다. 1948년에 심문과 법정 출두가 시작되어 간헐적으로 이어지다가, 1952년에 마침내 "나치 정부 편에 서서 처벌할 만한 정치 활동을 벌이지 않았음"이라는 판결을 받고 "탈나치화"되었다. 더욱 중요한 사실은, 리펜슈탈이 징역형을 받아야 하는가의 문제에서 쟁점이 나치 지도부와의 "면식"이 아니라 제3제국의 주요 선전가로서 벌인 활동이었다는 점이다.

『누바족의 최후』 책날개에 실린 소개글은 리펜슈탈이 1950년대에 지어낸 자기변호의 골자를 충실히 요약하고 있으며, 이 자기변호의 내용은 《카이에 뒤 시네마Cahiers du Cinéma》와의 인터뷰에서 가장 잘 드러난다. 이 인터뷰에서 리펜슈탈은 자기 작품을 시네마 베리테cinema verité라 칭하며 선전물이 아니라고 주장했다. 그는 〈의지의 승리〉에 관해 이렇게 말한다. "연출한 장면은 하나도 없습니다. 전부 진실입니다. 영화에 해설이 전혀 들어 있지 않기 때문에 편향적인 해설이랄 게 아예 없습니다. 이 영화는 **역사**일 뿐입니다. **순수한 역사**요." 〈의지의 승리〉 제작에 관한 본인의 저서에서 "시간 순서를 따르는 기록 영화"나 단순한 "르포르타주", "사실적 촬영"은 전당대회의 "영웅적 스타일"과 어울리지 않는다고 강력하게 거부한 것과 대단히 상반되는 주장이다.◆

〈의지의 승리〉에 내레이션 음성은 없지만, 영화는 이 전당

◆ 오늘날 리펜슈탈이 『나치 전당대회 영화의 뒷이야기』에 자신은 단 한 글자도 쓰지 않았고 당시 읽어보지도 않았다고 주장하므로, 다른 자료가 필요하다면 국가사회당 기관지인 《민족의 관찰자Völkischer Beobachter》 1933년 8월 26일 호의 인터뷰를 참고하라. 1933년 뉘른베르크 전당대회의 영화 제작에 관한 이 인터뷰에서도 리펜슈탈은 비슷한 주장을 한다.

리펜슈탈과 그의 지지자들은 늘 〈의지의 승리〉가 독립적인 '다큐멘터리'라는 식으로 이야기하며, 촬영 중에 기술적 문제가 있었음을 수차례 언급하며 당 지도부에 리펜슈탈의 적이 있었음을(괴벨스의 증오를) 입증하려 한다. 그러나 그러한 기술적 문제는 영화 제작의 평범한 요소다. 리펜슈탈은 그저 다큐멘터리 제작자이므로 정치적으로 무고하다는 거짓된 신화를 더욱 충실하게 반복한 자료 중 하나는 인디애나 대학 출판부의 영화 가이드 시리즈로 출간된 『"의지의 승리" 영화 가이드Filmguide to "Triumph of the Will"』다. 이 책의 저자인 리처드 메람 바르삼은 서문을 끝마치며 "오랜 시간 인터뷰에 협조하고, 이 책의 조사를 위해 자신의 아카이브를 공개하고, 이 책에 진심으로 관심을 보인 레니 리펜슈탈에게 감사"를 전한다. 첫 장이 "레니 리펜슈탈과 독립성이라는 짐"이고, "예술가는 어떤 희생을 치르더라도 물질세계와 독립된 상태를 유지해야 한다는 리펜슈탈의 믿음. 리펜슈탈은 평생 예술적 자유를 쟁취했으나 그 대가는 컸다" 등등을 주제로 다루는 책이니, 리펜슈탈이 관심을 보인 것도 당연하다.

이에 대한 반박으로, 의심의 여지 없는 자료인 아돌프 히틀러의 말을 인용하겠다 (적어도 이제 히틀러는 자신이 한 말이 아니라고 주장할 수 없으므로). 『나치 전당대회 영화의 뒷이야기』에 실린 짧은 서문에서 히틀러는 〈의지의 승리〉가 "우리 운동의 힘과 아름다움을 독창적이고 비길 데 없이 훌륭하게 예찬했다"라고 말한다. 실제로 그렇다.

대회가 독일을 구원할 역사의 정점임을 알리는 문구와 함께 시작한다. 그러나 이 문구는 이 영화에서 가장 독창적이지 못한 선전 방식이다. 영화에 해설이 없는 이유는 해설이 필요하지 않아서인데, 〈의지의 승리〉 속 현실이 이미 철저하게 변형되어 있기 때문이다. 이 영화에서 역사는 연극이 된다. 1934년 전당대회의 연출 방식은 어느 정도 〈의지의 승리〉 제작 결정에 따라 정해졌다. 이 역사적 행사가 영화의 무대장치가 되었고, 그 이후에 영화가 정통 다큐멘터리의 형식을 따르게 된 것이다. 실제로 당 지도자들이 연단에 선 장면 일부가 잘못되자 히틀러가 재촬영을 지시했고, 슈트라이허와 로젠베르크, 헤스, 프랑크는 몇 주 뒤 슈페어가 제작한 세트장에서 히틀러도 관중도 없이 연극하듯 히틀러에게 재차 충성을 맹세했다. (뉘른베르크 외곽에 거대한 대회장을 설계한 슈페어가 〈의지의 승리〉 크레딧에 건축가로 기재된 것은 전적으로 옳다.) 리펜슈탈의 영화가 프로파간다와 구분되는 다큐멘터리라고 주장하는 사람은 지나치게 순진한 것이다. 〈의지의 승리〉에서 기록(영상)은 현실의 기록일 뿐 아니라 현실을 구성한 원인이며, 결국에는 현실을 대체한다.

자유주의 사회에서 금지된 인물의 복권은 **소련 백과사전** 처럼 철저하게 관료주의적으로 결정되지 않는다. 소련 백과사전은 신판이 나올 때마다 지금껏 입에 올릴 수 없었던 인물들을 들여놓고 바닥에 난 작은 문을 통해 그와 같거나 더 많은 수의 인물을 내보낸다. 우리 사회에서 복권은 더 부드럽고 교묘하게 이루어진다. 리펜슈탈의 나치 이력이 갑자기 받아들여진 것이 아니다. 문화가 변하면서 나치 이력이 더 이상 중요치 않아진 것이다. 자유주의 사회는 동결 건조된 역사를 위에서부터 분배하는 대신 취향의 주기가 논란을 증발시키기를 기다림으로써 문제를 해결한다.

레니 리펜슈탈의 명성에서 나치의 찌꺼기를 씻어내는 작업은 오래전부터 점점 힘을 얻고 있었으나 특히 올해 들어 정점에 달했다. 리펜슈탈은 올여름 콜로라도에서 시네필이 개최한 새 영화제에 주빈으로 초대되었고 신문과 텔레비전에서는 그에게 경의를 표하는 기사와 인터뷰를 쏟아냈으며 이제 『누바족의 최후』까지 출간되었기 때문이다. 최근 리펜슈탈이 문화의 기념비적 인물로 격상된 데는 분명 그가 여성이라는 사실이 추진력으로 작용했을 것이다. 유명 페미니스트 예술가가 만든 1973년 뉴욕 영화제의 포스터에는 인형 같은 금발 여성이 그려져 있고, 여성의 오른쪽 가슴을 에워싸고 아녜스, 레니, 셜리라는 이름 세 개가 쓰여 있다. (바르다, 리펜슈탈, 클라크를 의미한다.) 페미니스트들은 모두가 최고라고 인정하는 영화를 만든 여성을 포기해야 한다는 사실이 고통스러울 것이다. 그러나 리펜슈탈에 대한 태도를 바꾼 가장 큰 추진력은 아름다움의 개념이 새롭고 풍성해진 데 있다.

오늘날 아방가르드 영화계의 유력인사를 비롯한 리펜슈탈의 옹호자들은 리펜슈탈의 관심이 늘 아름다움에 있었다고 말한다. 물론 리펜슈탈 본인도 몇 년 전부터 같은 주장을 했다. 《카이에 뒤 시네마》의 인터뷰어가 〈의지의 승리〉와 〈올림피아〉는 "그 자체로 특정 형식 개념에 기반한 현실에 다시 형식을 부여한다는 공통점이 있는데, 이런 형식을 향한 관심에 특히 독일적인 면이 있다고 보는가?"라는 바보 같은 질문을 던지며 리펜슈탈에게 멍석을 깔아주었고, 리펜슈탈은 이렇게 답했다.

> 제가 모든 아름다운 것에 자연스럽게 끌린다고 말할 수 있겠네요. 네, 저는 아름답고 조화로운 것들에 끌립니다. 어쩌면 이러한 구성에 대한 관심, 형식을 향한 열망이 아주 독일적인 것일지도 모르겠습니다. 하지만 저도 정확히는 모릅니다. 그건 저의 지식이 아니라 무의식에서 나오는 것이니까요… 무어라 더 말할 수 있을까요? 순전히 현실적이고 일상적인 것, 평범하고 흔한 것에는 전혀 흥미를 느끼지 못합니다… 저는 아름답고 강하고 건강한 것, 살아 있는 것에 매혹되고 조화를 추구합니다. 조화를 이뤄낼 때 행복하죠. 이걸로 답이 되었으리라 믿습니다.

이것이 바로 『누바족의 최후』가 리펜슈탈의 복권에 꼭 필요한 마지막 단계인 이유다. 이 사진집은 과거의 최종 수정이며, 리펜슈탈의 열렬한 지지자들에게는 그가 끔찍한 선전가가 아니라 늘 아름다움의 광신도였음을 보여주는 결정적 증거다.♦ 아름답게 제작된 사진집 안에는 완벽하고 고귀한 부족의 사진들이 있다. 그리고 책 뒤표지에는 "나의 완벽한 독일 여성"(히틀러가 리펜슈탈을 이렇게 칭했다)이 미소를 잃지 않고 역사의 모욕을 이겨내는 사진이 실려 있다.

물론 이 사진집에 리펜슈탈의 이름이 없었다면 독자는 나치 시대 가장 흥미롭고 재능 있으며 인상적인 예술가가 이 사진들을 찍었을 거라 생각지 못했을 수 있다. 아마『누바족의 최후』를 넘겨보는 사람들은 대개 이 책을 원시 사회의 소멸을 개탄하는 또 하나의 애도로 이해하겠지만(가장 훌륭한 사례는 여전히 브라질의 보로로 인디언을 다룬 레비스트로스의『슬픈 열대』다), 리펜슈탈이 쓴 장황한 텍스트와 함께 사진을 자세히 살펴보면 이 사진집이 나치 시기의 작품과 연결되어 있음을 분명히 알 수 있다. 리펜슈탈 특유의 관점은 그가 다른 부족이 아닌 누바족을 선택한 데서 드러난다. 리펜슈탈은 이들을 몹시 예술적이고(모두가 리라를 하나씩 소유한다) 아름다운 부족(리펜슈탈은 누바족 남성들이 "다른 아프리카 부족에서는 보기 드문 탄탄한 체격을 가졌다"라고 말한다)으로 묘사하며, 이들이 "세속적이고 물질적인 문제보다 영적이고 종교적인 관계를 훨씬 중시하는 감각"을 지녔기에 이들의 주요 활동이 의식을

◆ 요나스 메카스가 바로 이렇게『누바족의 최후』출간에 경의를 표한다(《빌리지 보이스The Village Voice》, 1974년 10월 31일). "리펜슈탈은 인간 신체의 고전적 아름다움을 계속해서 찬미한다. 아니면 이것은 그가 영화에서 먼저 시작한 아름다움의 탐색일까? 리펜슈탈은 이상적인 것, 기념비적인 것에 관심을 보인다." 메카스는《빌리지 보이스》11월 7일 자에서 이렇게 말한다. "리펜슈탈의 영화에 대한 나의 최종 의견은 이렇다. 당신이 이상주의자라면 그의 영화에서 이상주의를 볼 것이고, 당신이 고전주의자라면 그의 영화에서 고전주의의 찬가를 볼 것이며, 당신이 나치라면 그의 영화에서 나치즘을 볼 것이다."

치르는 일이라고 주장한다. 『누바족의 최후』는 원시주의적 이상을 담고 있다. '문명'에 의해 훼손되지 않고 주변 환경과 완전한 조화를 이루며 살아가는 사람들의 초상인 것이다.

리펜슈탈이 나치의 의뢰를 받아 제작한 네 개의 영화는 (그 주제가 전당대회든, 독일 국방군이든, 운동선수든) 모두 거역할 수 없는 지도자 숭배를 통한 신체와 공동체의 재탄생을 찬미한다. 이 영화들은 리펜슈탈이 출연한 팡크의 영화와 리펜슈탈이 직접 찍은 〈푸른 빛〉의 연장선에 있다. 산악 이야기는 높은 곳을 향한 갈망, 절대적이고 원시적인 도전과 고난에 관한 이야기이며, 장엄하고 아름다운 산이 상징하는 권력 앞의 아찔함에 관한 이야기다. 이 나치 영화들은 황홀경에 빠진 자기 통제와 복종을 통해 일상의 현실을 초월하는 공동체의 서사시이며, 권력의 승리를 이야기한다. 『누바족의 최후』는 리펜슈탈이 "내가 입양한 사람들"이라 칭하는 원시 부족의 곧 사라질 아름다움과 신비로운 힘에 바치는 애가이며, 리펜슈탈이 만든 파시스트 시각 자료 3부작의 3편이다.

1편인 산악영화에서는 옷을 잔뜩 껴입은 사람들이 순수한 추위 속에서 자신을 증명하고자 힘겹게 산을 오르고, 생명력은 신체적 고난과 동일시된다. 2편은 나치 정부를 위해 만든 영화들이다. 〈의지의 승리〉는 단 하나의 열정과 단 하나의 완벽한 복종을 담은 클로즈업과 군중으로 가득한 와이드 숏을 번갈아 사용하며, 온대 지방에서 제복을 말쑥하게 차려입은 사람들이 마치 자신의 충성심을 표현할 완벽한 안무를 찾는 것처럼 모였다 흩어지기를 반복한다. 네 개의 영화 중 시각적으로 가장 풍성한 〈올림피아〉(산악영화에서의 수직적 움직임과 〈의지의 승리〉 특유의 수평적 움직임을 모두 사용한다)에서는 헐벗은 몸으로 안간힘을 쓰는 선수들이 관중석에 있는 동포들의 응원을 받으며 잇달아 승리의 희열을 좇고, 온화한 최고 관중인 히틀러가 이 모든 장면을 조용히 내려다보며 자신의 존재로 그들의 노력을 축성한다. (〈의지의 승리〉라는 제목도 잘 어울렸을 〈올림피아〉는 쉬운 승리는 없음을 강조한다.) 3편인 『누바족의 최후』에서는 거의 벌거벗은 원시인들이 자랑스럽고 용맹한 공동체의 마지막 시련, 즉 임박한 멸종을 기다리며 뜨거운 태양 아래서 떠들썩하게 즐기고 포즈를 취한다.

이른바 신들의 황혼(Götterdämmerung, 독일 신화에서 말하는 세상의 멸망—옮긴이)이다. 누바족 사회에서 가장 중요한 행사는 레슬링 경기와 장례식이다. 즉 아름다운 남성 신체와 죽음의 강렬한 만남이다. 리펜슈탈의 해석처럼, 누바족은 아름다움을 탐하는 부족이다. 몸에 헤나를 바른 마사이족과 뉴기니의 이른바 진흙 인간들처럼 누바족도 중요한 사회·종교적 행사가 있을 때 명백히 죽음을 암시하는 회백색 재를 온몸에 칠한다. 리펜슈탈은 자신이 '제때' 이곳에 도착했다고 주장한다. 이 사진들을 찍고 몇 년 사이에 명예로웠던 누바족이 돈과 일자리, 옷에 물들었기 때문이다. (아마 전쟁도 이들을 망가트렸을 텐데, 리펜슈탈은 결코 전쟁을 언급하지 않는다. 그의 관심은 역사가 아닌 신화에 있기 때문이다. 십여 년간 수단 일부 지역을 갈가리 찢어놓은 내전이 분명 신기술과 수많은 쓰레기를 흩뿌

렸을 것이다.)

누바족은 아리아인이 아닌 흑인이지만, 리펜슈탈이 묘사한 그들의 초상은 나치 이념의 더 거대한 주제, 즉 깨끗한 것과 불결한 것, 불멸하는 것과 부패하는 것, 신체적인 것과 정신적인 것, 즐거운 것과 비판적인 것의 대비를 자아낸다. 나치 독일이 유대인에게 가한 비난의 주요 내용은 유대인이 도시적이고 지적이며, 파괴적이고, 사람들을 타락시키는 '비판 정신'을 지녔다는 것이었다. 1933년 5월에 있었던 분서 사건은 다음과 같은 괴벨스의 외침과 함께 시작되었다. "유대인의 극단적인 지성주의 시대는 이제 끝났고, 독일 혁명의 성공으로 독일 정신이 되살아났다." 1936년 11월에 괴벨스는 예술 비평을 공식적으로 금지했는데, 예술 비평이 가슴보다 머리를, 공동체보다 개인을, 감정보다 지성을 중시하는 "전형적인 유대인의 성격 특성"을 띤다는 이유에서였다. 후기 파시즘의 변형된 주제에서 사회를 더럽히는 역할을 맡은 것은 유대인이 아닌 '문명' 그 자체다.

고결한 야만인이라는 오래된 개념의 파시즘 버전에서 특이한 점은 사색과 비판, 다원성의 특징을 띠는 모든 것을 경멸한다는 점이다. 원시적 미덕을 담은 리펜슈탈의 사진집이 극찬하는 대상은 (레비스트로스의 책에서처럼) 원시 신화나 사회 조직, 사고방식의 복잡성과 미묘함이 아니다. 리펜슈탈은 누바족이 레슬링 경기라는 신체적 고난을 통해 자신을 드높이고 하나 되는 방식을 찬미하면서 파시즘의 레토릭을 강력히 소환한다. 이 경기에서 "숨을 헐떡이며 안간힘을 다하는" 누바족 남성들은 "불룩해진 거대한 근육으로" 서로를 땅에 메다꽂는다. 이때 이들은 물질적 포상이 아니라 "부족의 신성한 생명력을 회복하기 위해" 싸운다. 리펜슈탈의 설명에 따르면 레슬링과 그에 수반되는 의식은 누바족을 하나로 단결시킨다. 레슬링은

> 누바족 생활 방식의 특징을 빠짐없이 드러낸다… 레슬링은 자기 팀을 지지하는 사람들에게 열렬한 충성심을 불러일으키며 감정적 참여를 유도하는데, 이 지지자들은 사실상 "경기에 참여하지 않는" 마을 주민 전체를 뜻한다… 메사킨과 코롱고 누바족의 전반적 세계관을 드러낸다는 점에서 레슬링은 결코 그 중요성을 과장할 수 없다. 레슬링은 눈에 보이는 사회 세계에서 마음과 영혼이라는 눈에 보이지 않는 세계를 드러내는 방식이다.

본인이 이해한 대로 신체적 기량과 용기를 발휘하고 더 강한 자가 약한 자를 이기는 것이 공동체 문화의 통합적 상징인 사회(싸움에서의 승리가 "남자 일생의 가장 큰 열망"인 사회)를 찬미할 때, 리펜슈탈은 자신이 찍은 나치 영화의 개념을 거의 수정하지 않은 듯 보인다. 또한 리펜슈탈이 묘사하는 누바족의 모습은 그의 영화보다도 파시즘적 이상의 한 측면을 더욱 생생하게 드러낸다. 누바족 사회에서 여성은 의례에서 배제된 번식자와 조력자일 뿐이며, 남성의 무결함과 힘을 위협하는 상징이다. 누바족의 '영적' 관점

에서 볼 때 (물론 리펜슈탈이 말하는 누바족은 남성을 뜻한다) 여성과의 접촉은 불경한 일이다. 그러나 이 이상적인 사회에서 여성은 자기 분수를 안다.

> 레슬링 선수의 약혼자나 아내는 남자들만큼이나 친밀한 접촉을 피하고자 한다… 자신이 힘센 레슬링 선수의 신부나 아내라는 자부심이 욕정을 대체한다.

마지막으로, 리펜슈탈이 "죽음을 그저 운명의 문제로 받아들이며 죽음에 저항하거나 대항하지 않는" 사람들과 가장 열렬하고 호화로운 의례가 장례식인 사회를 피사체로 고른 것은 아주 훌륭한 선택이다. 죽음 만세.

『누바족의 최후』를 리펜슈탈의 과거와 분리하지 않는 것이 불쾌하고 악의적으로 느껴질 수도 있겠지만, 리펜슈탈의 복권이라는 최근의 흥미롭고도 완고한 사건뿐만 아니라 그의 작업의 연속선에서도 유익한 교훈을 얻을 수 있다. 셀린과 벤, 마르티네티, 파운드처럼 파시스트가 된 다른 예술가들(팝스트와 피란델로, 함순처럼 힘이 약해지면서 파시즘을 수용한 이들은 말할 것도 없다)의 커리어는 리펜슈탈의 커리어만큼 교훈적이지 않다. 리펜슈탈은 나치 시대와 완전히 동화되어 제3제국 시기뿐만 아니라 몰락 이후에도 30년간 자기 작품을 통해 파시즘 미학의 여러 주제를 꾸준히 표현해온 유일한 주류 예술가이기 때문이다.

파시즘 미학은 『누바족의 최후』에서 발견되는 원시적인 것에 대한 각별한 찬미를 포함하는 한편, 그것을 훨씬 넘어선다. 더 일반적으로 파시즘 미학은 통제 상황과 복종 행동, 무모한 노력, 고통의 인내에 집착하는 데서 비롯되며, 그러한 집착을 정당화한다. 또한 파시즘 미학은 겉으로는 정반대인 듯 보이는 두 상태, 바로 자기도취와 노예근성을 동시에 뒷받침한다. 지배와 예속의 관계는 특유의 호화로운 행사의 형태로 나타난다. 운집한 군중과 인간의 사물화, 사물의 증식 또는 복제, 사람을 홀리는 전능한 지도자나 세력 주위에 모인 사람들/사물들. 파시즘의 극작법은 강력한 힘과 그들의 꼭두각시 사이에서 벌어지는 광란의 교류에 초점을 두며, 똑같은 제복을 입은 꼭두각시들은 점점 그 수가 늘어난다. 이들이 추는 안무는 끊임없는 움직임과 굳어버린 듯 정적이고 '남성적인' 포즈 사이를 오간다. 파시즘 예술은 굴복을 찬양하고 무분별함을 칭송하며 죽음을 미화한다.

이러한 예술은 파시즘 예술로 분류됐거나 파시스트 정부에서 제작한 작품에 한정되지 않는다. (영화만 대보자면 월트디즈니의 〈판타지아Fantasia〉와 버스비 버클리의 〈갱스 올 히어The Gang's All Here〉, 큐브릭의 〈2001: 스페이스 오디세이〉 또한 파시즘 예술의 형식 구조와 주제를 보여주는 훌륭한 사례다.) 물론 파시즘 예술의 특징은 공산주의 국가의 공식 예술에서도 만연하게 나타나지만, 공산주의 국가의 예술이 언제나 사실주의의 기치를 내거는 반면 파시즘 예술은 '이상주의'의 이름으로 사실주의를 경멸한다. 기념비적인 것과 대중의 영웅 공경을 애호하는 취향은 파시즘 예술과 공산주의 예술의 공통점으로, 이는 예술의 기능이 지도자와 그 원칙을 '불멸'하게 하는 것이라는 모든 전체주의 정권의 관점을 반영한다. 웅장하고 딱딱한 움직임의 표현이 또 다른 공통점인데, 이러한 안무가 국가조직의 화합을 예행하기 때문이다. 대중은 형태를 갖추도록 디자인된다. 그러므로 대규모 시범경기와 연출된 신체의 전시는 모든 전체주의 국가에서 중시하는 활동이다. 현재 동유럽에서 큰 인기를 끄는 체조선수의 기술 역시 힘을 억제하고 제한하는 행위와 군사적 정확성처럼 파시즘 미학에서 반복되는 특징을 떠올리게 한다.

파시즘 정치와 공산주의 정치 모두 지도자와 합창단의 드라마를 통해 대중 앞에서 의지를 연출한다. 국가사회주의 하의 정치와 예술의 관계에서 흥미로운 점은 예술이 정치적 필요에 종속되었다는 점이 아니라(그것은 우파뿐만 아니라 좌파 독재 정부에서도 마찬가지므로) 정치가 후기 낭만주의 시대 예술의 레토릭을 이용했다는 것이다. (1933년에 괴벨스는 정치가 "이 세상에 존재하는 가장 고결하고 종합적인 예술이며, 현대의 독일 정치를 형성하는 우리는 스스로를 예술가라고 생각한다… 예술과 예술가의 일은, 형성하고 형태를 부여하고 병든 자를 제거하고 건강한 자를 위해 자유를 창조하는 것이다"라고 말했다.) 국가사회주의 예술의 흥미로운 점은 전체주의 예술의 특수한 변종이라고 할 수 있는 특징들이다. 소련과 중국 같은 국가의 공식 예술은 유토피아적 도덕을 해설하며 강화하려 한다. 파시즘 예술은 신체의 완벽함을 통해 유토피아적 미학을 드러낸다. 나치 시대의 화가와 조각가는 자주 누드를 묘사했지만 신체의 결점을 표현하는 것은 금지되었다. 이들의 누드 작품은 피지크 잡지(physique magazine, 1950~1960년대에 발행된 헐벗은 근육질 남성들의 사진을 실은 잡지들—옮긴이) 속 사진들처럼 보인다. 이 사진들은 겉으로는 경건하고 섹스와 무관한 듯 보이지만 동시에 (기술적 의미에서는) 포르노물인데, 완벽한 판타지를 담고 있기 때문이다. 아름다움과 건강함에 대한 리펜슈탈의 선전은 분명 이보다 훨씬 섬세하며, 나치 시대의 다른 시각 예술만큼 따분하지도 않다. 리펜슈탈은 다양한 신체 형태를 아름답게 여기며(아름다움의 문제에서 그는 인종을 차별하지 않는다), 실제로 〈올림피아〉에서는 (이 영화에서 가장 호평받는 다이빙 장면처럼) 양식화되고 매우 수월해 보이는 움직임뿐만 아니라 결점을 수반한 노력과 안간힘까지 보여준다.

    공식 공산주의 예술이 무성적이고 순결한 것과 달리, 나치 예술은 외설적인 동시에 이상주의적이다. 유토피아적 미학(완벽한 신체, 생물학적으로 결정된 정체성)은 이상적 에로티시즘을 암시하는데, 여기서 섹슈얼리티는 지도자의 마력과 추종자의 기쁨으로 전환된다. 파시즘의 이상은 공동체의 이익을 위해 성적인 에너지를 '영적인' 힘으로 바꾸는 것이다. 성적인 것(즉 여성)은 늘 유혹으로서 존재하며, 이 유혹에 대한 가장 훌륭한 반응은 성적인 충동을 용맹하게 억제하는 것이다. 리펜슈탈은 누바족의 결혼식이 화려

한 장례식과 달리 의식도 연회도 없는 이유를 이렇게 설명한다.

> 누바족 남성의 가장 큰 욕망은 여성과의 합일이 아니라 훌륭한 레슬링 선수가 되어 금욕의 원칙을 고수하는 것이다. 누바족의 춤 의식은 관능적인 행사가 아니라 생명력을 봉쇄하는 '순결의 축제'다.

파시즘 미학은 활력을 봉쇄하는 데서 나온다. 움직임은 제한되고 붙들리고 억눌린다.

나치 예술은 반동적이며, 금세기 예술이 이룬 주류적 성취를 대놓고 벗어난다. 그러나 바로 이러한 이유에서 현대적 취향의 한자리를 차지하고 있기도 하다. 최근 프랑크푸르트에서 열린 나치 회화 및 조각 전시(전쟁 이후로 처음이다)의 좌파 주최 측은 실망스럽게도 관람객들이 기대보다 훨씬 많고 전혀 진지한 태도가 아니라는 사실을 발견했다. 브레히트의 교훈적 훈계와 강제수용소 사진을 나란히 배치했음에도, 관람객은 나치 예술을 보고 1930년대의 다른 예술 형식, 그중에서도 특히 아르데코를 떠올린다. (아르누보는 결코 파시즘 양식일 수 없다. 오히려 파시즘이 퇴폐적이라고 정의하는 예술의 전형에 가깝다. 가장 훌륭한 파시즘 양식은 선이 날카롭고 소재가 투박하고 육중하며 에로티시즘이 석화된 아르데코다.) 아르노 브레커(히틀러가 가장 좋아했으며 콕토도 한동안은 가장 좋아했던 조각가)와 요제프 토락의 거대한 청동 조각상은, 맨해튼 록펠러센터 앞에 있는 근육질의 아틀라스 동상 및 제1차 세계대전에서 전사한 보병들을 기리는 필라델피아 30번가역 앞의 다소 선정적인 기념비와 동일한 미학에서 제작되었다.

독일의 세련되지 못한 대중은 나치 예술이 단순하고 조형적이고 감정적이며, 지적이지 않고, 모더니즘 예술의 지나친 복잡성이 없어서 매력을 느꼈을 수 있다. 더 세련된 대중은 어느 정도 과거의 모든 양식, 특히 가장 비판받던 양식을 구제하려는 열정에서 나치 예술에 매력을 느낄 것이다. 그러나 아르누보와 라파엘 전파 회화, 아르데코의 부흥에 뒤이어 나치 예술이 부흥할 가능성은 매우 낮다. 나치 시대의 회화와 조각은 훈계조일 뿐만 아니라 예술로서도 놀라울 만큼 빈약하다. 그러나 바로 이런 특성 때문에 사람들은 나치 예술을 다 안다는 듯 킬킬대며 거리를 둔 채 팝아트의 한 형태로 바라보는 것이기도 하다.

리펜슈탈의 작품은 우리가 나치 시대에 제작된 다른 작품에서 발견하는 아마추어리즘과 순진함이 없지만 여전히 여러 똑같은 가치를 선전한다. 그리고 우리는 바로 그 현대적 감성으로 리펜슈탈의 작품을 높이 평가할 수도 있다. 팝아트 특유의 아이러니한 감각은 리펜슈탈 작품의 형식적 아름다움뿐만 아니라 정치적 열의까지도 미학적 과잉의 한 형태로 바라보게 한다. 이렇게 거리를 두고 리펜슈탈의 작품을 감상할 때 우리는 의식적이든 무의식적이든 주제 자체에 반응하게 되고, 이러한 반응이 그의 작품에 힘을 부여한다.

〈의지의 승리〉와 〈올림피아〉는 틀림없이 대단히 훌륭한 영화지만(아마 지금까지 제작된 다큐멘터리 중 가장 훌륭한 두 작품일 것이다) 예술 형식으로서의 영화 역사에서 그렇게 중요하지는 않다. 오늘날 영화를 만드는 사람 중 리펜슈탈을 언급하는 사람은 아무도 없는 반면, (나를 비롯한) 많은 영화감독이 지가 베르토프를 영화 언어에 대한 무한한 자극제이자 아이디어의 원천으로 여긴다. 그러나 (다큐멘터리 영화 부문에서 가장 중요한 인물인) 베르토프가 〈의지의 승리〉나 〈올림피아〉처럼 순수하게 인상적이고 짜릿한 영화를 만든 적이 없다는 주장도 충분히 나올 수 있다. (물론, 베르토프는 리펜슈탈만큼 마음껏 자금을 쓸 수 없었다. 1920년대와 1930년대 초 소련 정부의 선전영화 제작 예산은 전혀 풍족하지 않았다.)

　좌파와 우파의 선전 예술을 다룰 때는 종종 이중 잣대가 적용된다. 베르토프의 후기 영화와 리펜슈탈의 영화가 감정을 조작하는 방식이 비슷한 쾌감을 낳는다는 사실을 인정하는 사람은 거의 없을 것이다. 두 사람의 작품이 왜 감동적인지를 설명할 때 대다수가 베르토프에게는 감상적이고 리펜슈탈에게는 부정직하다. 이처럼 베르토프의 작품은 전 세계의 시네필 관객에게 상당한 도덕적 지지를 끌어내며, 사람들은 기꺼이 그의 작품에 감동한다. 리펜슈탈의 작품을 감상하는 비결은 영화에서 유해한 정치 이념은 걸러내고 '미적' 가치만 남기는 것이다. 베르토프 영화를 향한 찬사 뒤에는 언제나 그가 매력적인 사람이자 지적이고 독창적인 예술가-사상가였고 결국 자신이 봉사한 독재 정권에 짓밟혔다는 정보가 깔려 있다. 오늘날 베르토프의 관객 대다수는 (예이젠시테인과 푸돕킨의 관객과 마찬가지로) 소련 초기의 영화 선전가들이 고귀한 이상을 그려내고 있다고 생각한다. 현실에서는 그 이상이 아무리 배반당했대도 말이다. 그러나 리펜슈탈을 향한 찬사에는 그러한 구제 수단이 없는데, 리펜슈탈의 복권을 불러온 사람을 비롯해 그 누구도 그를 호감 가는 인물로 만들지 못했으며 그는 사상가도 아니기 때문이다.

더욱 중요한 것은, 대개 국가사회주의가 잔인함과 공포만을 상징한다고 생각한다는 것이다. 그러나 이는 사실이 아니다. 국가사회주의는, 더 나아가 파시즘은, 삶이 곧 예술이라는 이상, 아름다움 추종, 용기에 대한 맹목적 숭배, 공동체에서 느끼는 황홀경을 통한 소외의 해소, 지성에 대한 거부, (지도자를 부모로 둔) 인간 가족처럼, 다른 기치 아래 오늘날까지 계속 이어지는 다양한 이상을 옹호한다. 이 이상들은 사람들에게 생생한 감동을 준다. 사람들이 〈의지의 승리〉와 〈올림피아〉에 감명받는 이유가 그저 천재 영화감독의 작품이기 때문이라는 말은 동어반복일 뿐만 아니라 부정직하다. 리펜슈탈의 영화가 지금도 유효한 이유는, 무엇보다 작품 속의 갈망이 아직도 존재하고, 많은 사람이 여전히 작품에 담긴 낭만적 이상에 애착을 느끼기 때문이다. 그러한 낭만적 이상은 청년/록 문화와 원시 치료(유아기의 고통을 재경험하면서 내면의 상처를 치료하는 심리치료 기법—옮긴이), 반정신의학(anti-psychiatry, 정신의학에 반대하며 정치적·사회적 차원에서 정신병의 원인을 설명하려는 움직임—옮긴이), 제3세계 진영 추종, 오컬트에 대한 믿음처럼 다양한 방식의 문화적 저항과 새로운 공동체 선전의 형태로 표현되고 있다. 공동체를 찬양한다고 해서 절대적 지도자를 찾지 않는 것은 결코 아니다. 오히려 필연적으로 절대적 지도자를 찾게 될 수도 있다. (현재 구루들 앞에 바짝 엎드려 기괴한 독재적 규율에 복종하고 있는 청년 중 상당수가 과거 1960년대에는 반권위주의자이자 반엘리트주의자였다는 것도 그리 놀랍지 않다.)

오늘날 리펜슈탈을 탈나치화하며 그가 (영화감독으로서, 현재는 사진가로서) 굳건히 아름다움을 추구해온 사제라고 주장하는 것은 우리가 우리 안의 파시즘적 갈망을 제대로 감지하지 못한다는 징조다. 리펜슈탈은 평범한 탐미주의자나 인류학적 낭만주의자가 아니다. 그의 작품이 가진 힘은 정확히 정치적·미학적 신념의 연속성에 있는데, 흥미로운 점은 오늘날보다 과거에 이 사실이 훨씬 명백하게 드러났다는 것이다. 오늘날 사람들은 자신이 구도의 아름다움 때문에 리펜슈탈의 이미지에 끌린다고 주장한다. 역사적 관점이 없다면, 이러한 감식안은 온갖 파괴적 감정(사람들이 그 영향을 진지하게 받아들이려 하지 않는 감정)의 선전을 기이할 만큼 생각 없이 받아들이는 결과를 불러온다. 물론 리펜슈탈의 작품 같은 예술에서 중요한 것이 아름다움만은 아님을 한편으로 모두가 안다. 그래서 사람들은 양쪽에 판돈을 건다. 이런 예술의 의심할 여지 없는 아름다움에 감탄하는 한편, 고결한 척하며 아름다움을 추구하는 태도를 깔보는 것이다. 엄숙하고 까다로운 형식주의적 감상 뒤에는 더 폭넓은 감상, 바로 진지한 태도에서 나오는 망설임이 전혀 없는 캠프적 감성이 있다. 현대적 감성은 형식주의적 접근 방식과 캠프적 취향 사이의 끊임없는 절충에 의존한다.

오늘날 파시즘 미학의 주제를 환기하는 예술이 인기를 끌고 있으며, 아마 대다수에게 이런 예술은 그저 캠프의 변종에 지나지 않을 것이다. 파시즘은 한낱 유행일 뿐일지도 모르고, 어쩌면 이렇게 무차별적으로 다양한 취향의 유행이 우리를 구할지도 모른다. 그러나 취향에 대한 판단 자체는 그렇게 순수할 수 없는 듯하다. 10년 전에는 소수의 취향이나 상반된 취향으로서 대단히 옹호할 가치가 있어 보였던 예술이 오늘날에는 더 이상 옹호할 수 없게 되기도 하는데, 그 예술이 불러일으키는 윤리적·문화적 문제가 전과 달리 심각하고 심지어 위험해졌기 때문이다. 냉엄한 진실은, 엘리트 문화에서는 용인될 수 있는 것이 대중문화에서는 용인되지 않을 수 있고, 소수의 것으로서 오로지 무해한 윤리적 문제만 일으키던 취향이 더 많은 사람에게 수용되면 유해해질 수 있다는 것이다. 취향은 맥락이며, 그 맥락이 달라졌다.

II

두 번째 증거물. 여기 공항 잡지 가판대와 '성인용' 서점에서 구입할 수 있는 책 한 권이 있다. 『누바족의 최후』처럼 예술을 애호하고 **생각이 올바른** 사람들의 눈길을 끄는 값비싸고 호화로운 책이 아니라 값싼 페이퍼백이다. 그러나 이 두 책은 도덕적 기원이 같다. 근원적 집착은 같고, 진화의 단계는 다르다. 『누바족의 최후』를 움직이는 개념은 『SS 제복SS Regalia』 뒤에 깔린 더 조악하고 강렬한 개념만큼 도덕적으로 거리낌 없지 않다. 『SS 제복』은 영국에서 편집한 어엿한 책이지만(역사를 개괄한 3쪽 분량의 서문과 함께 책 뒤에 주석도 실려 있다) 이 책의 매력이 학문적인 것이 아니라 성적인 것임을 모두가 안다. 표지에서 이미 그 사실이 명백히 드러난다. SS 완장의 거대하고 검은 스와스티카 위로 사선의 노란색 띠가 지나가고, 그 위에는 "100장 넘는 컬러 사진에 겨우 2.95달러"라고 쓰여 있다. 포르노 잡지 표지 모델의 생식기 위에 반은 농담으로, 반은 검열에 대한 존중으로 붙여놓은 가격 스티커와 똑같다.

    제복에는 보편적 환상이 있다. 제복은 공동체, 질서, 정체성(계급장과 배지, 훈장처럼 착용자가 누구이고 어떤 공적을 쌓았는지를 공표하는 것들을 통해 착용자의 가치가 인정된다), 유능함, 적법한 권위, 적법한 폭력의 행사를 암시한다. 그러나 제복은 제복 사진과 같지 않다. 제복 사진은 성적인 자료이며 SS 제복의 사진은 특히 널리 퍼진 강력한 성적 판타지의 구성 요소다. 왜 SS일까? SS는 폭력의 정당성, 즉 타인을 마음껏 지배하고 그들을 철저히 열등한 존재로 취급할 권리를 공공연하게 주장하던 파시즘의 이상적 화신이었기 때문이다. 이러한 주장이 가장 온전히 실현된 곳이 바로 SS였다. SS는 몹시 잔혹하고 효율적인 방식으로 이러한 이상을 실행에 옮겼고, 자신들을 특정 미학적 기준과 연결함으로써 그러한 행위를 극화했다. SS는 지극히 폭력적일 뿐만 아니라 지극히 아름다운 엘리트 군사 집단으로 고안되었다. ('SA 제복'이라는 제목의 책은 볼 확률이 낮다. SS로 대체된 SA는 SS보다 덜 잔혹하지는 않았으나, 맥줏집에 있을 법한 뚱뚱하고 땅딸막한 유형, 한낱 '갈색 셔츠'라는 별명으로 역사에 기록되었다.)

SS 제복은 우아하고 견고하게 만들어졌으며, 기발한 느낌(과하진 않았다)이 있었다. 이에 비해 미 군복은 지루하고 대충 만들어졌는데, 재킷과 셔츠, 넥타이, 바지, 양말, 끈으로 매는 신발로 구성된 미 군복은 훈장과 배지로 아무리 꾸며도 본질적으로 민간인 복장과 다를 바 없었다. SS 제복은 꽉 끼고 무겁고 빳빳했으며, 다리와 발을 무겁게 감싸는 부츠와 손을 덮는 장갑이 있어서 착용자가 꼿꼿이 설 수밖에 없었다. 『SS 제복』 뒤표지에는 이렇게 쓰여 있다.

> SS 제복의 색은 독일에서 중요한 의미를 지닌 검은색이었다. SS는 계급을 구분하기 위해 제복 위에 여러 장식과 상징, 배지를 달았는데, 그 종류는 옷깃의 룬 문자에서 해골 모양까지 무척 다양했다. 그 모습은 극적이면서도 위협적이었다.

과거를 그리워하는 듯한 표지 사진은 매우 유혹적이지만, 책 속의 사진은 대부분 따분하다. 나치 대원들은 책에서 찬양한 검은색 제복과 함께 거의 미군처럼 보이는 카키색 제복과 위장용

외투 및 재킷을 배급받았다. 제복 사진 외에도 옷깃에 다는 패치와 커프 밴드, 계급장, 벨트 버클, 기념 배지, 연대 깃발, 트럼펫에 다는 깃발, 전투모, 공로 훈장, 견장, 허가증, 출입증이 여러 쪽에 걸쳐 실려 있는데, 악명 높은 룬 문자나 해골 문양이 있는 것은 별로 없고 계급과 부대, 배급 연도와 계절이 전부 꼼꼼히 설명되어 있다. 거의 모든 사진이 무해하다는 바로 그 사실이 이 이미지의 힘을 입증한다. 독자는 성적 판타지의 성무일도서를 보고 있는 것이다. 환상이 깊이를 지니려면 반드시 디테일이 있어야 한다. 예를 들어 1944년 봄, SS 병장이 트리어에서 뤼베크로 이동할 때 필요했던 여행 허가증은 무슨 색이었을까? 모든 증거 서류가 필요하다.

파시즘의 메시지가 미학적인 안목을 통해 중화되었다면, 파시즘의 예복은 성애화되었다. 이런 파시즘의 성애화는 미시마 유키오의 『가면의 고백』과 『태양과 철』 같은 매혹적이고 경건한 작품이나, 케네스 앵거의 〈스콜피오 라이징Scorpio Rising〉, 그만큼 흥미롭지는 않지만 더욱 최근작인 비스콘티의 〈저주받은 자들The Damned〉과 카바니의 〈야간 배달부The Night Porter〉 같은 영화에서 발견할 수 있다. 파시즘을 진지하게 성애화하는 것은 문화적 공포를 이용한 세련된 유희와 구분되어야 하는데, 이러한 놀이에는 농담의 요소가 있다. 로버트 모리스는 최근 카스텔리 갤러리에서 열린 자기 전시회를 위해 본인의 사진으로 직접 포스터를 만들었다. 사진 속 그는 상반신을 탈의하고 선글라스와 나치 헬멧처럼 보이는 것을 썼다. 목에 건 징 박힌 금속 목걸이에는 두툼한 체인이 달려 있고, 수갑 찬 손으로 그 체인을 붙잡고 있다. 모리스는 이것이 아직 충격을 줄 수 있는 유일한 이미지라고 생각했다고 한다. 예술이 무릇 신선한 도발적 제스처의 연속이어야 한다고 생각하는 이들에게는 충격을 주는 것이 예술의 유일한 미덕이다. 그러나 이 포스터는 정확히 반대의 효과를 낸다. 그러한 맥락에서 사람들에게 충격을 준다는 것은 곧 사람들을 그 충격에 익숙하게 만드는 것이기도 한데, 나치 자료가 팝아트의 아이러니적 논평에 사용될 수 있는 대중적 도상 체계의 방대한 레퍼토리에 포함되기 때문이다. 그러나 나치즘은 팝아트적 감성으로 해석된 다른 도상 체계(마오쩌둥에서 마릴린 먼로에 이르기까지)와는 다른 방식으로 사람들을 매혹한다. 물론 파시즘에 대한 관심이 전반적으로 늘어난 것은 어느 정도 호기심의 산물로 볼 수 있다. 1940년대 초반 이후에 태어나 공산주의에 찬성하거나 반대하는 왁자지껄한 주장에 평생을 시달린 이들에게, 부모 세대의 훌륭한 대화 주제였던 파시즘은 이국적인 미지의 것을 상징한다. 또한 젊은이들은 대체로 공포와 비이성적인 것에 매혹된다. 요즘 대학 캠퍼스에서 파시즘의 역사를 다루는 강의는 (뱀파이어리즘을 비롯한) 오컬트 강의와 더불어 큰 인기를 끌고 있다. 이에 더해 『SS 제복』이 뻔뻔할 만큼 적나라하게 증명하는 단연코 성적인 파시즘의 매력은 아이러니나 지나친 친숙함 때문에 위축되는 일이 없는 듯 보인다.

      전 세계, 그중에서도 특히 미국과 영국, 프랑스, 일본, 스칸디나비아, 네덜란드, 독일의 포르노 문학과 영화, 도구에서 SS는 성적 모험주의를 의미하게 되었다. 자유분방한 섹스의 이미저리 대부분에 나치즘의 흔적이 있다. 부츠와 가죽, 체인, 번쩍이는 상체 위의 철십자 훈장, 스와스티카, 고깃덩어리를 매달아 두는 갈고리, 육중한 오토바이는 가장 은밀하고 잘 팔리는 에로티시즘의 도구다. 섹스숍과 목욕탕, 가죽 의상을 입은 동성애자들이 즐겨 찾는 술집, 성매매 업소에서 사람들은 자기 장비를 꺼내 든다. 하지만 왜일까? 성적으로 억압된 사회였던 나치 독일이 왜 성애화된 것일까? 동성애자를 박해했던 정권이 어떻게 게이들을 흥분시키는 것일까?

단서는 파시스트 지도자들이 성적인 은유를 매우 선호했다는 데 있다. 니체와 바그너처럼 히틀러 역시 리더십을 '여성적' 대중을 성적으로 지배하는 것, 즉 강간으로 여겼다. (《의지의 승리》에서 군중은 황홀경에 빠진 모습으로 그려진다. 히틀러가 그들을 흥분시키는 것이다.) 좌파 운동의 이미저리는 중성적이고 무성적인 경향이 있다. 우파 운동은 아무리 금욕적이고 억압적인 현실을 불러오더라도 성적인 겉모습을 보인다. 확실히 나치즘은 공산주의보다 더 '섹시'하다(이건 나치의 공이라기보다는 성적 상상력의 본질과 한계 때문이다).

물론 SS 제복에 흥분하는 사람이 전부 나치의 만행을 옹호하는 것은 아니다. 나치가 무슨 짓을 저질렀는지 어느 정도 안다면 말이다. 그러나 요즘 사도마조히즘이라는 이름으로 불리는 성적 감정의 조류가 점점 세력을 키우고 있으며, 바로 이 사실이 나치즘을 활용한 유희를 성적으로 보이게 한다. 나치즘의 성애화는 남성 동성애자 사이에서 가장 눈에 띄긴 하지만, 사도마조히즘적 환상과 실천은 동성애자뿐만 아니라 이성애자 사이에서도 발견된다. 지난 몇 년간 가장 큰 성적인 비밀은 파트너 교환이 아닌 사도마조히즘이었다.

    사도마조히즘과 파시즘은 자연스럽게 연결된다. 주네는 "파시즘은 연극이다"라고 말했다.◆ 사도마조히즘적 섹슈얼리티도 마찬가지다. 사도마조히즘에 참여한다는 것은 곧 성적인 연극에, 섹슈얼리티의 상연에 참여하는 것이다. 연기자뿐만 아니라 전문 의상 제작자와 연출가도 사도마조히즘적 섹스의 고정 회원이

◆   장 주네의 소설 『장례식Funeral Rites』은 파시스트가 아닌 사람이 느끼는 파시즘의 성적 매력을 처음으로 드러낸 텍스트 중 하나다. 또 다른 사례는 사르트르의 소설인데, 그가 직접 이런 감정을 느꼈을 것 같지는 않지만 아마 주네에게 들었을 수도 있다. 4부 구성의 소설 『자유의 길Les Chemins de la liberté』의 3부인 『영혼 속의 죽음La Mort dans l'âme』에서 사르트르는 주인공 중 한 명이 1940년에 있었던 독일군의 파리 입성을 목격하는 장면을 다음과 같이 묘사한다. "[다니엘은] 두렵지 않았다. 그는 아무 의심 없이 그 수천 쌍의 눈앞에 자신을 내려놓으며 생각했다. '우리의 정복자들!' 그는 무척이나 행복했다. 다니엘은 그들의 눈을 바라보며 그 금발을, 햇볕에 탄 얼굴과 얼어붙은 호수 같은 눈동자, 늘씬한 몸, 믿을 수 없을 만큼 긴 근육질의 엉덩이를 마음껏 즐겼다. 그리고 조용히 내뱉었다. '정말 잘생겼네!' … 하늘에서 무언가가 떨어졌다. 바로 고대의 법이었다. 판사들의 사회가 무너졌고, 판결도 깡그리 사라졌다. 그 흐릿하고 작은 카키색 군인들과 인간 권리의 수호자들은 참패했다. … 참을 수 없을 만큼 달콤한 감각이 그의 온몸에 퍼졌다. 앞을 제대로 볼 수조차 없었다. 다니엘은 숨을 헐떡이며 같은 말을 반복했다. '버터 같아. 버터처럼 파리에 입성하고 있어.' … 그는 여자가 되어 그들에게 꽃을 던지고 싶었다."

다. 이 드라마가 더욱 흥분되는 이유는 일반인에게 금지된 것이기 때문이다. 사도마조히즘과 섹스의 관계는 전쟁과 문명 생활의 관계와 같다. 즉 엄청난 경험인 것이다. (리펜슈탈은 이렇게 말했다. "순전히 현실적이고 일상적인 것, 평범하고 흔한 것에는 전혀 흥미를 느끼지 못합니다.") 사회계약이 전쟁과 비교하면 지루해 보이듯, 평범한 섹스도 그저 적당한 것, 그러므로 따분한 것이 된다. 바타유가 자기 글에서 평생 주장했듯, 모든 성적 경험의 끝은 불경함과 신성모독이다. 문명화된다는 것과 마찬가지로, "적당하다"는 것은 철저히 연출되는 이런 야만적 경험에서 멀어지는 것을 의미한다.

물론 사도마조히즘은 그저 섹스 파트너를 다치게 하는 것만을 의미하지 않는다. 이런 일은 현실에서도 늘 일어나며, 보통은 남자가 여자를 때린다. 늘 취한 상태로 자기 아내를 때리는 러시아 소작농은 그저 자기 내키는 대로 하는 것뿐이다(자신이 불행하고 억압당하고 있고 망연자실하기 때문에, 그리고 여성이 손쉬운 제물이기 때문에). 그러나 성매매 업소에서 채찍질 당하는 걸 즐기는 영국인 남성은 어떤 경험을 재창조하는 것이다. 그는 자신과 함께 한 편의 연극을 연기하고, 자신의 과거, 즉 그에게 오늘날 엄청난 성적 에너지를 품고 있는 학창 시절이나 유치원에서의 경험을 재연해달라고 성노동자에게 돈을 지불한다. 오늘날 사람들이 섹슈얼리티를 극화할 때 나치 과거를 소환하는 이유는, 그 시기의 (기억이 아닌) 이미지를 통해 성적 에너지의 저장고에 가닿을 수 있기를 바라기 때문인지도 모른다. 그러나 프랑스인이 '영국인의 악행'이라 부르는 사도마조히즘은 교묘하게 개인성을 긍정하는 행위라고 말할 수도 있다. 결국 그 연극은 본인의 인생 이력에서 나온 것이기 때문이다. 그러나 나치 제복의 유행은 매우 다른 것을 암시한다. 이 유행은 섹스(그리고 다른 사안)에서의 억압적인 선택의 자유와 견디기 힘든 수준의 개인성에 대한 반응이며, 예속의 재연이 아닌 예행연습이다.

갈수록 많은 사람이 지배와 예속의 의례를 수행하고 예술이 그 주제를 표현하는 데 점점 열중하는 것은, 어쩌면 부유한 사회에서 나타나는 경향의 논리적 확장일지도 모른다. 이런 사회는 삶의 모든 부분을 취향과 선택의 문제로 바꾸고 삶을 하나의 스타일로 여기도록 부추긴다. 지금까지의 모든 사회에서 섹스는 주로 활동(생각 없이 해야 하는 것)이었다. 그러나 섹스가 취향이 되는 순간 이미 자의식적인 연극의 한 형태로 들어서기 시작한다. 폭력적이면서도 간접적이고 매우 정신적인 만족의 한 형태, 그것이 바로 사도마조히즘의 내용이다.

사도마조히즘은 언제나 성적 경험의 극단에 자리한다. 이때 섹스는 순전히 성적인 것이 되어, 인간성이나 관계, 사랑과 단절된다. 최근 사도마조히즘이 나치 상징주의와 연결된 것은 놀라운 일이 아니다. 주인과 노예의 관계가 이렇게 의식적으로 미화된 적은 지금껏 없었다. 사드는 처벌과 환희의 연극을 처음부터 직접 만들며 무대장치와 의상, 신성모독적인 의식을 되는대로 마련해야 했다. 지금은 누구나 가져다 쓸 수 있는 최고의 시나리오가 있다. 그 시나리오의 색은 검정, 소재는 가죽, 매력은 아름다움, 명분은 솔직함, 목표는 황홀경, 환상은 죽음이다. (1974)

페미니즘과 파시즘

에이드리언 리치와 수전 손택의 논쟁

❖   손택이 1975년 2월 6일 《뉴욕 리뷰 오브 북스》에 「매혹적인 파시즘」을 발표한 후, 시인이자 페미니스트 운동가였던 에이드리언 리치는 매거진 편집부에 이 글에 대한 비판을 담은 글을 보내왔다. 리치의 편지에 응수하여 수전 손택도 답장을 보냈는데, 두 사람이 주고받은 논쟁의 전문이 「페미니즘과 파시즘」이다. 「페미니즘과 파시즘」은 1975년 3월 20일 자 《뉴욕 리뷰 오브 북스》에 발표됐다.

에이드리언 리치가 《뉴욕 리뷰 오브 북스》에 보낸 글

레니 리펜슈탈과 나치즘의 성애화에 관한 수전 손택의 비평(지난 2월 6일에 게재된)을 읽는 것은 이상한 경험이었습니다. 어떻게 이 훌륭한 에세이와 일이 년 전 《파르티잔 리뷰》에 실린 똑같이 훌륭한 에세이(「여성이라는 제3세계」)의 저자가 같은 사람일 수 있는지 자문하지 않을 수 없었습니다. 손택은 리펜슈탈과 『SS 제복』을 논하면서 중요한 성적·정치적 관련성을 드러내려는 듯 보이지만 실제로는 그렇지 않습니다.

먼저, 손택의 에세이에는 심각한 오류가 하나 있습니다. 그는 오늘날 리펜슈탈이 복권되는 이유가 어느 정도 "그가 여성이라는 사실"에 있다며 "페미니스트들은 모두가 최고라고 인정하는 영화를 만든 여성을 포기해야 한다는 사실이 고통스러울 것"이라고 말합니다. 실제로 페미니스트들은(나는 「여성이라는 제3세계」를 읽으며 손택이 페미니즘과 거리를 두려 하지 않는다고 생각했습니다) 최소 두 개 도시에서 리펜슈탈의 영화 상영에 항의하는 시위를 벌였습니다. 《시카고 트리뷴》의 후원을 받아 페미니스트와 비非페미니스트 영화감독 및 비평가가 주최한 어느 여성 영화제는 〈의지의 승리〉 상영과 함께 리펜슈탈에게 강연을 요청했으나, 시카고 여성운동 단체의 회원들이 피켓 시위를 벌이겠다고 하자 요청을 철회했습니다. 페미니스트가 아닌 영화계 종사자들이 주최한 콜로라도의 텔룰라이드 영화제에서도 여성들이 리펜슈탈의 영화 상영에 반대하며 피켓 시위를 벌였습니다. 참고로, 여성이 주최하는 영화제와 자선 행사, 모임에서 가장 많이 상영하는 영화는 리펜슈탈이나 아네스 바르다가 아닌 레온티네 세이건과 넬리 캐플런의 영화(권위주의에 반대하는 레즈비언 영화인 〈교복 입은 소녀들Mädchen in Uniform〉과 〈호기심 많은 소녀A Very Curious Girl〉)입니다.

손택 본인이 뒤에서 인정하듯 "리펜슈탈을 문화의 기념비적 인물로 격상한" 것은 오히려 영화계입니다. 페미니즘 운동은 위계질서와 권위주의를 계속해서 열렬히 반대했습니다. 또한 페미니스트들은 가부장제에서 '성공'한 여성들을 마땅히 경계하고 비판했습니다(나치 독일은 가장 순수하고 가장 근본적인 형태의 가부장제였습니다). 토큰인 여성들이 압박 속에 동료 여성들을 깎아내리고 여성혐오적 가치와 반인간적 가치에 봉사할 수밖에 없는 현실은 분명 인정하고 애석해하지 않을 수 없습니다. 그러나 급진 페미니스트들은 남성과 동일시된 '성공한' 여성을, 그들이 예술가든 경영진이든 정신과 의사든 마르크스주의자든 정치인이든 학자든 상관없이 꾸준히 비판하고 있습니다. 손택이 에세이에서 문제를 잘못 연결한 것을 보며 「여성이라는 제3세계」를 다시 떠올립니다. (당혹스러운 제목이었는데, 바버라 버리스 등이 작성한 중요한 페미니즘 선언문인 『세 번째 해의 노트Notes from the Third Year』에 재수록된 「제4세계 선언The Fourth World Manifesto」에서 국가문화 개념을 남성 중심 문화로 묘사했고 '반제국주의' 운동이 여성을 대하는 제국주의적 태도를 자세히 설명했기에 더욱 그렇습니다.) 명쾌하고 훌륭하게 논증한 손택의 《파르티잔 리뷰》 에세이는 결국 직접 느낀 현실을 예리한 정신으로 해석한 것이 아닌 지적인 활동처럼 보이게 됩니다.

「여성이라는 제3세계」를 읽은 많은 여성이 손택의 새로운 작업에서 진지하게 반영된 페미니즘적 가치를 찾아보기 시작했습니다. 그러나 〈약속의 땅〉 같은 영화나 사진에 관한 최근의 여러 에세이, 그리고 「여성이라는 제3세계」 사이에는 통합성도, 심지어 연속성도 없습니다. 주장의 '노선'이나 '올바른' 입장을 기대하는 것이 **아닙니다**. 그저 손택의 정신이 감정의 토대 위에서 더욱 복잡하게 작동하는 것을 간절히 보고 싶을 뿐입니다. 지금까지는 실제로 그러하다고 증명된 적이 없습니다.

지배와 예속, 색욕과 이상주의, 남성의 완벽한 신체와 죽음, "통제 상황과 복종 행동, 무모한 노력", "인간의 사물화", "신체적 고난과 동일시되는 생명력", 감정과 분리된 신체의 대상화 같은 주제들은 도대체 무엇입니까? 그것들이 남성중심적이고 가부장적인 가치가 아니면 무엇이란 말입니까? 검은 가죽과 성매매 업소, 죽음을 통한 황홀경의 환상은 레즈비언의 환상이라기보다는 이성애자 남성과 그들이 억압하는 남성 동성애자의 환상 아닙니까? 그리고 지금 시기에 이런 주제에 심취하는 것은 페미니즘이 이런 가치들을 거부하고, 페미니스트를 자처하지 않는 여성들도 광범위한 의식 변화 속에서 이런 가치들을 점점 거부하는 현상에 위협을 느낀 거짓된 남성성의 백래시가 아닐까요?

손택이 하나의 유행, 더 나아가 파시즘이라는 현상의 틀을 넘어 가부장제의 역사와 섹슈얼리티, 포르노그래피, 권력에 비추어 이러한 미학적 추종을 탐구하고 파악했더라면 좋았을 것입니다. 이러한 것들에서 가장 먼저 사물화되는 것은 늘 여성이며, 여성적인(부정적인) 자질은 모든 피지배 집단에게 덧씌워져 지배의 구실로 활용됩니다. 손택이 그러지 못한 것은 아쉬운 일이며, 여성의 몸뿐만 아니라 정신이 식민화된 방식을 드러냅니다. 그리고 이런 종류의 지식의 분리야말로 컬트주의를 강화하고 전형적인 억압과의 미학적 타협을 부추깁니다. 정확히 손택이 자신의 글을 통해 개탄하고자 했던 현상이지요.

에이드리언 리치

뉴욕 시

수전 손택의 답장

칭찬과 비난이 동시에 담긴 편지에서 에이드리언 리치가 낸 수수께끼에 먼저 답하겠습니다. 어떻게 이 훌륭한 에세이와 일이 년 전 《파르티잔 리뷰》에 실린 똑같이 훌륭한 에세이(「여성이라는 제3세계」)의 저자가 같은 사람일 수 있느냐고요? 간단합니다. 서로 다른 문제에 대해 다른 주장을 하려는 의도로 다루면 됩니다.

리치는 내가 페미니즘 운동을 비방했다고 말하고 있습니다. 현재 수많은 여성이 모든 성공한 여성에 대해 갖는 이권과 자부심이 리펜슈탈의 놀라운 복귀를 도왔음을 암시했다는 것이죠. 내 주장이 '심각한 오류'인가요? 오히려 내가 문제를 과소평가한 것이 오류라고 생각합니다만. 니키 드 생 팔이 만든 1973년 뉴욕 영화제 포스터(**아녜스 레니 셜리**)는 페미니즘 의식이 리펜슈탈의 과거를 세탁하는 데 기여한 정도를 정확히 반영하고 있습니다.

주로 여성 영화를 다루는 북미와 서유럽, 오스트레일리아의 영화제와 프로그램 십여 곳에서 연락받은 사람으로서, "푸른 빛"이 반짝이지 않거나(시카고), 반짝였으나 피켓 시위가 벌어지는(텔룰라이드) 드문 경우를 제외하면 리펜슈탈의 영화들은 늘 선택되고 상영된다고 단언할 수 있습니다. 실제로 리펜슈탈의 영화가 1930년대 이래 처음으로 이렇게 자주 상영되는 이유는 이러한 행사가 크게 늘었기 때문입니다. 레온티네 세이건의 훌륭한 영화와 넬리 캐플런의 평범한 영화에 밀려 리펜슈탈의 영화(그리고 아녜스 바르다의 영화)가 괄시받는다는 것은 절대 사실이 아닙니다. (도대체 아녜스 바르다는 왜 제외하는 겁니까?)

나는 리펜슈탈이 복권된 원인으로 먼저 여성 우월주의를 지목한 다음 "영화계"가 진짜 악당이라고 "뒤에서 인정"하지 않았습니다. 과거의 인물이었던 리펜슈탈이 최근 슈퍼스타가 된 것에 아무런 야유도 없었다고 말하려던 것 또한 아닙니다. 내 정보원에 따르면 지난여름에 열린 콜로라도 텔룰라이드 영화제에서 눈에 띈 피켓 시위대는 페미니스트들이 아닌 덴버에서 온 유대인들이었지만 말입니다. 나도 일부 페미니스트가 리펜슈탈을 불쾌해할 거라고 생각합니다(그러나 그 이유가, "남성과 동일시된 '성공한' 여성"이라는 불길한 정적 명단에 리펜슈탈이 올라 있기 때문이라는 것보다는 더 타당하기를 바랍니다). 시네필 저명인사 몇 명이 리펜슈탈에게 찬사를 보냈다가 문제를 겪었던 것처럼 말입니다. 《뉴욕타임스》(1973년 5월 13일)에 실린 아모스 보겔의 기사가 그 사례이지요. 중요한 사실은, 리펜슈탈의 복권은 엄연한 현실이라는 점입니다. 이에 반대하는 이들은(그들이 여성운동이든 "영화계"든) 우리 문화가 불러온 트렌드에 반대하는 것입니다.

그러나 리치를 가장 분노하게 한 나의 혐의는 영화제에서 발생하는 일을 잘못 전달했다는 것이 아닙니다. 리치의 가장 큰 비난은 내가 글에서 페미니즘적 함의를, 즉 파시즘의 뿌리인 "가부장적 가치"를 탐색하지 않음으로써("문제를 잘못 연결"함으로써) 대의를 저버렸다는 겁니다. 내가 알기로 파시즘과 가부장제를 가장 처음 연결한 여성은 『3기니』에서 "가부장 국가의 폭정과 싸우는 것"은 곧 "파시즘 국가의 폭정과 싸우는 것"이라고 말한 버지니아 울프입니다. 페미니즘을 일반적으로 지지할 때(이것이 1973년 《파르티잔 리뷰》에 실린 내 글의 의도였으며, 그 글에서 실제로 울프를 인용했습니다) 이 말은 사람들을 각성시키는 4분의 3의 진실입니다. 그러나 《뉴욕 리뷰 오브 북스》에 실린 내 에세이와 마찬가지로 글의 주제가 파시즘과 파시즘 미학이라면, 이 말은 빈약한 반쪽짜리 진실입니다.

페미니즘의 열정을 특정한 역사적 주제에 적용하면 아무리 진실일지라도 극도로 개략적인 결론이 나옵니다. 모든 중요한 도덕적 진리가 그렇듯 페미니즘은 다소 단순합니다. 리치가 편지에서 사용한 언어에서 드러나듯 그것이 바로 페미니즘의 힘이자 한계입니다. 파시즘은 다른 (덜 영속적인) 문제들의 맥락에서도 살펴봐야 합니다. 나는 신중하게 여러 가지를 구분했고, 내 에세이의 장점이 있다면 그 장점은 아마 그러한 구분에 있을 겁니다.

리치는 내가 도덕적 결단은 내리려 하지 않고 그저 논증만 하고 있다고 설득하려 합니다. 그는 이렇게 묻습니다. "그것들이 남성중심적이고 가부장적인 가치가 아니면 무엇이란 말입니까?" **이것이 아니면 무엇이냐**는 질문의 문제는, 역사의 복잡성을 평가절하할 뿐만 아니라 그러한 역사에 관심을 기울이는 행동을 비난한다는 것입니다. 그렇게 내가 논한 내용은 "유행"이라는 틀에 갇힌 한낱 "추종"으로 축소됩니다. 리치는 언어라는 집게로 이 주제를 집고 팔을 최대한 멀리 뻗은 채, 마치 그 실체를 의심하는 것처럼 "파시즘이라는 현상"이라고 말합니다. 실제로 리치는 그 실체를 의심합니다. 그의 관점에 따르면, 진짜 문제인 "가부장제의 역사"에 "비추어 볼 때" 그 모든 부수적 쓰레기는 전혀 중요치 않기 때문입니다.

실제로 "나치 독일이 가장 순수하고 가장 근본적인 형태의 가부장제"였다고 칩시다. 그렇다면 카이저의 독일은 몇 등입니까? 카이사르 때의 로마는요? 공자 때의 중국, 이탈리아의 파시즘, 빅토리아 시대 영국은 어떤가요? 간디 때의 인도, 라틴아메리카의 마초 문화, 무함마드와 카다피, 파이잘 같은 아랍의 지도자들은요? 안타깝게도 대부분의 역사가 "가부장제의 역사"입니다.

그러니 구분이 필요할 수밖에 없고, 모든 것을 페미니즘의 맥락에서 설명하는 것은 불가능합니다. 인생 이야기가 늘 죽음의 필연성과 인간 소망의 덧없음을 성찰하는 방향으로 이어질 수 있듯이, 인간 역사에서 발생한 비통한 사건은 사실상 전부 페미니스트의 개탄(가부장제의 유린 등)을 반복할 소재가 됩니다. 그 주장이 때때로 의미를 지닐 순 있지만, 늘 그 주장을 반복할 순 없습니다.

이처럼 모든 논쟁이 의기양양하게 전투적 결론에 도달하는 한결같은 레토릭을 요구하기 때문에, 최근 역사에 대한 페미니즘의 상상력에 가장 크게 기여한 엘리자베스 하드윅의 『유혹과 배반Seduction and Betrayal』을 일부 페미니스트들이 제대로 평가하지 못한 것입니다. 하드윅의 복잡한 저서에 쏟아진 더욱 구체적인 비난은, 이 책이 (재능이나 천재성 같은) '엘리트주의적' 가치를 옹호하며 그러한 가치는 페미니즘의 평등주의 윤리와 양립할 수 없다는 것입니다. 페미니즘 운동이 "위계질서와 권위주의를 계속해서 열렬히 반대했다"는 리치의 말에서 이런 독선적 관점의 메아리가 들립니다.

이 문장은, '페미니즘적 가치'의 표본으로서든 1960년대의 유치한 좌파주의의 유물로서든 내게 순전한 선동으로 보입니다. 나는 젠더적(그리고 인종적) 특권에 기반한 권위에 반대하지만 **그 어떤** 형태의 권위와 위계질서도 없는 인간 삶이나 사회는 결코 상상할 수 없습니다. 나는 연장자가 청년에게 갖는 권위에 반대하지 않고, 공적 책임을 지는 권위에 반대하지 않고, 모든 능력주의를 반대하지는 않습니다. 이러한 권위를 전부 없애고 싶은 소망은 인간 조건에 대한 유치하고 감상적인 환상입니다. 많은 페미니즘 레토릭은 역사를 심리학으로 축소하는 경향이 있을 뿐만 아니라, 역사의식과 더불어 심리학까지 얄팍하게 만듭니다. (줄리엣 미첼의 비판을 참고할 것.)

리치는 나의 정신이 "감정의 토대 위에서 더욱 복잡하게 작동하는 것을 간절히 보고 싶을 뿐"이라고 설명합니다. 그러나 내가 서 있는(앉아서 글을 쓰는) 곳에서 볼 때, 리치가 원하는 대로 내가 페미니즘에 전념할 수 없는 이유는 그저 복잡성이 갈수록 깊고 두터워지기 때문입니다. 본인은 "주장의 '노선'이나 '올바른' 입장을 기대하는 것이 아니라고" 항변하지만, 이게 바로 리치가 하는 행동입니다. 그렇지 않다면 사진이 창조한 이미지 세계라는 거대한 주제(《뉴욕 리뷰 오브 북스》 에세이)나, 죽음에 대한 고찰과 현재 이스라엘 국가가 겪고 있는 고통에 대한 기록(나의 최근 영화인 〈약속의 땅〉)을 페미니즘의 관심사에 맞게 변형하지 않았다는 이유로 책망을 들을 이유가 있을까요? 두 성별의 탈극화 외에 다른 목표가 존재하고, 성적인 상처 외에 다른 상처가 존재하며, 성적 정체성 외에 다른 정체성이 존재하고, 성 정치 외에 다른 정치가 존재한다고 생각하는 것은, 그리고 '여성혐오적' 가치 외에 다른 '반인간적 가치'가 존재한다고 생각하는 것은 결코 반역이 아닙니다.

리치가 편지 서두에서 칭찬한 내 페미니즘 텍스트까지도,

내가 글쓰기와 영화 제작에서 페미니즘을 계속 주장하지 않았다는 이유로 재평가(하향 평가)되고 있습니다. 이제 그 글의 제목은 "당혹스러운" 것이 되었는데, 뜻밖에도 내가 페미니즘 논쟁의 최신 유행인 「제4세계 선언」을 모른다는 사실을 시사하기 때문입니다. (당혹스러울 것 없습니다. 이 글은 처음에 《미즈Ms.》에 보냈다가 너무 길고 난해하다는 이유로 거절당했고, 그 이후로 이 글을 수락한 《파르티잔 리뷰》의 편집자들이 "설문지에 대한 답변"이라는 원래의 내 지루한 제목을 상의 없이 우스꽝스러운 지금의 제목으로 바꾼 것입니다.) 나의 뒤이은 글들이 페미니즘의 주장을 세세하게 다루지 않았다는 이유로, 《파르티잔 리뷰》에 실린 그 글은 "결국 직접 느낀 현실을 예리한 정신으로 해석한 것이 아닌 지적인 활동처럼 보이게" 됩니다.

만약 리치가 (일부 여성들만큼 사납지는 않지만) 지성이라는 그 무거운 곰을 사냥하려 하는 것이라면, 나는 "지적인 활동"을 선호하는 모든 사람을 언제나 열렬히 옹호할 것임을 알려야 할 것 같습니다. 진실에는 온갖 종류의 노력이 필요합니다. 내 글을 읽고 그 안에서 개인적이고 심지어 자전적인 특성을 놓칠 사람은 아무도 없겠지만, 나는 그 글이 나의 진실한 감정을 비롯한 그 어떤 것의 "표현"도 아닌 주장으로 여겨지는 편이 훨씬 좋습니다.

내가 늘 존경하는 시인이자 분노의 현상학자인 에이드리언 리치는 이성적인 삶을 (권위 개념과 함께) "가부장제의 역사"라는 쓰레기통에 버리는 데 급급한 자칭 급진 페미니스트들보다 신중한 사람입니다. 그러나 그가 선의를 담아서 쓴 편지는 페미니즘 레토릭의 계속되는 몰지각함, 즉 반지성주의를 드러냅니다. 리치는 "손택이 페미니즘과 거리를 두려 하지 않는다고 생각했다"고 말합니다. 사실입니다. 그러나 정신("지적인 활동")과 감정("직접 느낀 현실") 사이에서 불쾌하고 위험한 대립을 조장하는 페미니즘 진영과는 거리를 둡니다. 왜냐하면 (도덕적 주장이 다양할 수밖에 없음을 인정하고 열정과 더불어 신중함과 객관성에도 정당한 자격을 부여하는) 지성의 규범적 미덕을 이런 식으로 따분하게 폄하하는 것 역시 파시즘의 뿌리 중 하나이기 때문입니다. 리펜슈탈에 관한 주장에서 내가 드러내고자 한 것은 바로 이겁니다.

> # 《샐머건디》와의 인터뷰

❖ 《샐머건디Salmagundi》는 미국에서 1969년부터 발행되어온 계간지로, 문화비평, 소설, 시, 에세이, 작가와 지식인들의 인터뷰를 다룬다. 첨예한 논쟁과 실험적이고 까다로운 문학 작품을 수록하기로 유명하다. 손택은 《샐머건디》를 "내가 가장 좋아하는 매거진"이라고 말하기도 했다.

인터뷰어   1965년의 에세이 「스타일에 관하여」에서 이렇게 쓰셨지요. "레니 리펜슈탈의 작품 〈의지의 승리〉와 〈올림피아〉를 걸작이라 칭한다고 해서 미학적 관대함으로 나치 선전을 얼버무리는 것은 아니다. … [그러나] 리펜슈탈의 이 두 작품은 (나치 예술가들의 작품 중 유일무이하게) 선전의 범주, 심지어 보도의 범주도 초월한다. 그리고 우리는 (불편하겠지만 분명히) 히틀러가 아닌 '영화 속의 히틀러'를, 1936년 올림픽이 아닌 '영화 속의 1936년 올림픽'을 보게 된다. 리펜슈탈이 영화감독으로서 지닌 천재성을 통해 이 작품들의 '내용'이 (추측하자면 본인의 의도와는 달리) 순전히 형식적 역할을 맡게 된 것이다." 그리고 이렇게 덧붙이셨습니다. "예술작품은, 그것이 예술작품인 한, 예술가의 개인적 의도가 무엇이든 간에 그 무엇도 옹호할 수 없다." 그러나 몇 달 전 발표한 에세이에서는 〈의지의 승리〉에 관해 "이 영화의 개념 자체가 영화 제작자에게 프로파간다와 무관한 미적 개념이 있을 수 있다는 가능성을 부인한다"라고 쓰셨습니다. 확실히 서로 상충하는 발언인데요. 두 에세이 사이에 어떤 연속성이 있나요?

__손택__ 내가 보기에 두 발언 사이의 연속성은 형식과 내용의 구분이 다채롭다는 점을 보여준다는 데 있습니다. 늘 비판적으로 신중하게 접근한다면 말이죠. 1965년에 쓴 글은 내용의 형식적 함의에 관한 것이었고, 최근에 발표한 에세이는 특정 형식 개념에 함의된 내용을 살펴보죠. 「스타일에 관하여」의 주요 주장 중 하나는 형식주의적 접근과 역사주의적 접근이 서로 경쟁하는 것이 아니라 상호보완적이며, 똑같이 필수적이라는 것이에요. 그 지점에서 리펜슈탈이 등장합니다. 리펜슈탈의 작품은 공식적으로 거부된 가치를 대변하기 때문에 형식과 내용의 관계를 생생하게 검토할 수 있어요. 내용이 형식으로 기능하는 방식에 관한 나의 일반적 주장에서 〈의지의 승리〉와 〈올림피아〉가 예외로 간주될 수 있음을 알았기 때문에, 이런 영화들 역시 (다른 대담하고 복잡한 예술작품과 마찬가지로) 내용이 형식으로 기능하는 과정을 보여준다는 점을 지적할 필요가 있다고 생각했습니다. 올해 초 리펜슈탈의 작품에 대해 꽤 길게 다루기 시작하면서 더 구체적이면서도 더욱 흥미로운 분석에 도달했습니다. 1965년에 했던 형식주의적

접근과 요약을 압도하는 분석이었죠. 「스타일에 관하여」에서 리펜슈탈을 다룬 단락은 그 안에서는 사실입니다. 다만 더 나아가지 않았을 뿐이죠. 리펜슈탈의 작품이 어떤 의미에서 선전을 초월하는 것은 사실이지만, 구체적인 특성을 살펴보면 그 안의 미화 개념 자체가 특정 종류의 선전과 같다는 점이 드러나요.

「스타일에 관하여」에서 제기한 예술과 도덕관념의 관계에 관한 논문을 지금도 계속 집필하고 있어요. 예술작품이 수행하는 도덕적 기능에 대해 1965년보다 더 구체적으로 이해하게 되었습니다. 전체주의에 대해, 전체주의와 양립할 수 있는 미학 그리고 전체주의가 만들어내는 미학에 대해서도 그때보다 더 많이 알고 있고요. 이를테면 형식의 '내용적' 함의에 더 관심이 가게 된 것은 (그렇다고 내용의 형식적 함의에 관한 관심이 줄어든 것은 아닙니다) 「스타일에 관하여」를 쓰고 3년이 지났을 무렵 1960년대 중국에서 제작한 대규모 스펙터클 영화를 여러 편 보고 나서였죠. 머릿속에서 영화가 줄줄이 이어졌어요. ⟨동방홍The East Is Red⟩에서 예이젠시테인의 ⟨알렉산더 네프스키Alexander Nevsky⟩로, 다시 월트디즈니의 ⟨판타지아⟩와 버스비 버클리 뮤지컬에서 안무에 따라 사물처럼 패턴을 이루는 몸들, 그리고 큐브릭의 ⟨2001: 스페이스 오디세이⟩로 이어졌습니다. 이 영화들은 현대 미학적 상상력의 주요 형식을 보여주는 전형적 사례예요. 내가 리펜슈탈에 관한 에세이를 발표하고 나서 알게 되었듯이, 이러한 형식은 지크프리트 크라카우어가 이미 1927년에 「대중의 장식The Mass Ornament」이라는 에세이에서 탐구했고 몇 년 뒤 발터 베냐민이 파시즘을 정치 생활의 미화로 묘사하며 요약했었지요.

미학이 곧 정치라고, 아니면 미학은 결국 정치가 된다고 말하는 것만으로는 충분하지 않아요. 어떤 미학이요? 어떤 정치요? 내가 생각하기에 '파시즘 미학'을 이해하는 열쇠는 '공산주의 미학'이 모순적인 표현임을 이해하는 거예요. 공산주의 국가가 선전하는 예술의 평범성과 진부함을 이해하는 것이죠. 만약 소련과 중국의 공식 예술이 고루하지 않다면, 객관적으로 볼 때 그 예술은 파시즘적일 겁니다. 철저히 교훈적인 이상적 공산주의 사회와 달리 (이런 사회에서는 모든 단체가 학교가 됩니다) 파시즘적 이상은 일종의 국가적 **총체예술**에 전 국민을 동원합니다. 사회 전체를 연극으로 만드는 것이죠. 바로 이것이 미학이 정치가 되는 가장 심오한 방식입니다. 이때 미학은 거짓의 정치가 됩니다. 니체는 이렇게 말했습니다. "어떤 사물을 아름답게 경험한다는 것은 그것을 잘못 경험하고 있다는 뜻이다." 19세기에 니체와 와일드처럼 도발적으로 가치를 재평가한 이론가들은 '미학적 세계관'을 상세히 해설했습니다. 이들이 말하는 미학적 세계관의 우월함 중 하나는, 이것이 정치를 넘어선 가장 관대하고 대범한 관점이자 품위의 한 형태라는 것이었습니다. 그러나 20세기에 파시즘이 전개되면서 그들이 틀렸음이 드러났습니다. 밝혀진 것처럼, '미학적 세계관'은 파시즘에서 노골적으로 드러난 여러 미개한 개념과 분열적 갈망에 극도로 우호적이었고, 이런 개념과 갈망은 우리 소비문화에서도 널리 유행하고 있습니다. 그러나 중국의 사례에서 명백히 드러났듯이, **진지한** 공산주의 사회의 도덕주의는 미학의 자율성을 말살할 뿐만 아니라 (현대적 의미에서) 예술작품의 생산을 아예 불가능하게 만듭니다. 1973년에 6주간 중국에 다녀온 뒤로 확신하게 된 것은, 물론 그전에도 알았지만, 지성에 필수적인 자양분으로서 미학의 자율성을 보호하고 소중히 지켜야 한다는 것이었습니다. 그러나 도덕적이고 정치적인 급진주의가 거침없이 '스타일'로 전환되던 1960년대를 거치면서, 미학적 세계관을 지나치게 일반화하는 것은 위험하다는 확신이 들었습니다.

나는 지금도 예술작품이 예술작품으로서 그 무엇도 옹호할 수 없다고 생각합니다. 그러나 그 어떤 예술작품도 오로지 예술작품만은 아니기에, 현실은 대개 더 복잡합니다.「스타일에 관하여」에서 나는 와일드와 오르테가가 드러낸 진실을 재구성해 표현하고자 했습니다. 와일드는 『도리언 그레이의 초상』에서 도발적인 서문을 통해 속물주의를 비판했고, 오르테가 이 가세트는 『예술의 비인간화』에서 이와 같은 비판을 더욱 엄숙하게 과장했지요. 그러나 나는 와일드와 오르테가처럼 미학적 반응과 도덕적 반응을 암암리에 분리하거나 실제로 대립시키지는 않으려 했습니다.「스타일에 관하여」를 쓰고 10년이 지난 지금도 나는 같은 입장에서 글을 씁니다. 그러나 지금 내 뼈에는 역사적 살이 더 붙었어요. 나는 여전히 지독한 탐미주의자이자 강박적인 도덕주의자이지만, 역사적 맥락을 더욱 밀도 있게 이해하지 않고 탐미주의자나 도덕주의자의 세계관을 일반화하는 것의 한계와 무분별함을 인식하게 되었습니다. 내가 쓴 글을 인용하셨으니, 나도 내 글을 인용할게요. 1965년에 쓴 그 에세이에 나는 이렇게 썼습니다. "예술 애호가들이 예술작품에서 스타일을 따로 분리할 수 있는 문제적 요소로, 본질상 윤리적이고 정치적인 논쟁을 가리는 위장으로 인식한 것은 특정 역사적 시기뿐이다." 내가 최근 써온 글들은 다른 사람들의 작품뿐만 아니라 내 작품에도 적용되는 방식으로 이 주장을 더 밀어붙이고 구체화하려는 시도입니다.

인터뷰어   시인 에이드리언 리치가 페미니즘적 가치를 도외시한다며 리펜슈탈에 관한 에세이를 비난했을 때 이렇게 답하셨습니다. "페미니즘의 열정을 특정한 역사적 주제에 적용하면 아무리 진실일지라도 극도로 개략적인 결론이 나옵니다. … 안타깝게도 대부분의 역사가 '가부장제의 역사'입니다. 그러니 구분이 필요할 수밖에 없습니다. … 인생 이야기가 늘 죽음의 필연성과 인간 소망의 덧없음을 성찰하는 방향으로 이어질 수 있듯이, 인간 역사에서 발생한 비통한 사건은 사실상 전부 페미니스트의 개탄을 반복할 소재가 됩니다. 그 주장이 때때로 의미를 지닐 순 있겠지만, 늘 그 주장을 반복할 순 없습니다."◆ 그렇다면 그러한 주장을 해야

◆ 「페미니즘과 파시즘: 에이드리언 리치와 수전 손택의 논쟁」,《뉴욕 리뷰 오브 북스》, Vol. XXII, No. 4, March 20, 1975.

하는 때는 언제인가요? 페미니즘 비평에 더 적합한 사건이나 '운동', 예술작품이 있을까요?

손택 나는 많은 여성과 남성이 우리 사회의 언어와 행동, 이미저리 어디에나 존재하는 성차별적 고정관념을 지적하기를 바랍니다. 당신이 말하는 페미니즘 비평이 이런 뜻이라면, 그런 비평은 언제든, 아무리 어설플지라도 늘 어느 정도 가치가 있어요. 그러나 나는 페미니스트 지식인들이 동료 여성들에게 변절자라고 비난받을 위험 없이 여성혐오와의 전쟁에서 나름의 방식으로 제 역할을 하고 자기 작품에 페미니즘적 함의를 남기거나 내포하는 모습을 보고 싶습니다. 나는 정치적 노선을 좋아하지 않아요. 지적 단조로움과 나쁜 글을 낳거든요. 단순하게, 그러나 너무 푸념처럼 들리지는 않게 말해보겠습니다. 세상에는 많은 지적 과제와 서로 다른 수준의 담론이 존재합니다. 실제로 적절성의 문제가 있다면, 그건 어떤 사건이나 예술작품이 더 '적합한' 대상이어서가 아니라, 어떤 주제를 공개적으로 논하는 사람들이 얼마나 복잡한 주장을 얼마나 많이 할 것인가에 대한 선택권을 갖고, 또 행사해야 하기 때문이죠. 리치는 내가 나치 독일이 성차별적이고 가부장적인 사회의 정점이었음을 지적하지 않았다고 항의했습니다. 물론 리치는 리펜슈탈 영화의 가치가 곧 나치의 가치라고 상정하고 있었어요. 저도 그랬고요. 그래서 이런 질문을 던지고 싶었던 겁니다. 리펜슈탈의 작품은 **어떤** 의미에서 나치의 가치를 구현하는가? 이 영화들과 『누바족의 최후』는 **왜** 흥미롭고 설득력이 있는가? 나는 내 에세이의 독자들이 나치 이념뿐만 아니라 루터에서 니체, 프로이트, 융에 이르는 독일 학문 및 사상의 주요 전통에 드리운 여성 비하를 인식하고 있으리라 가정해도 무방하다고 생각해요.

    재고해야 하는 건 페미니즘 비평의 적절성이 아니라 수준이에요. 페미니즘은 윤리적 연대의 명목으로 지적 단순함을 요구합니다. 이러한 요구 때문에 많은 여성이 페미니즘 담론이 충분히 전투적인지, 혹은 예술작품이 충분히 인간적이고 자기를 잘 표현하는지 등 '수준'에 관해 질문하는 것이 비민주적인 행동이라고 믿게 되었어요. 지성에 대한 증오는 예술과 도덕에서 반복해서 등장하는 모더니즘적 저항의 주제입니다. 실제로는 정치 행동의 효과를 떨어뜨리는데도, 이런 태도는 하나의 정치적 성명이 되었죠. 아방가르드 예술과 페미니즘 모두 실패한 정치 운동의 언어를 많이 사용했고, 때로는 패러디하는 것처럼 보이기도 합니다. 1910년대에 아방가르드 예술이 아나키즘의 레토릭을 물려받았듯이(그리고 미래주의에 물려주었듯이), 1960년대 후반 무렵엔 페미니즘도 쇠퇴해가던 **극좌주의**gauchisme의 정치적 레토릭을 물려받았습니다. 신좌파 논쟁의 공통분모는 위계질서와 평등, 이론과 실천, 지성(차가움)과 감정(따뜻함)을 열성적으로 대립시킨다는 것이었어요. 페미니스트들은 위계질서와 이론, 지성에 대한 이런 부정적 정의를 영속화하는 경향이 있습니다. 1960년대에 부르주아적이고 억압적이고 엘리트주의적이라고 비난받은 것들은, 이제 남근 중심적이기까지 한 것이 되었죠. 이렇게 물려받은 전투성은 단기적으로는 페미니즘의 목표에 도움되는 것처럼 보일지 몰라도, 실제로는 미숙한 예술과 사상 개념에 굴복하는 것이며 진짜로 억압적인 도덕주의를 부추깁니다.

인터뷰어 1967년에 잉마르 베리만의 영화 〈페르소나〉를 높이 평가하는 긴 에세이를 쓰셨죠.◆ 그때 이후로 베리만은 세계 영화계에서 기술적 반동 세력이라고 자주 공격받고 있어요. 페미니스트 비평가들은 베리만의 영화가 종종 '부정적인' 여성 이미지를 전달하며, 이는 긍정적인 정체성 이미지가 필요한 사람들에게 전혀 도움이 되지 않는다고 항의합니다. 베리만이 미학적으로나 정치적으로 반동적인 예술가라는 이런 견해에 동의하십니까?

손택 나는 누군가를 반동적인 예술가라고 공격하는 걸 극도로 꺼려요. 그건 우리가 다 아는 국가들의 억압적이고 무지한 공직자들이 휘두르는 무기예요. 그런 국가들에서 '반동적'이라는 단어는 비관적인 내용이나 (당신이 언급한 문장에 따르면) '긍정적인 이미지'를 제공하지 않는 것과 연관되죠. 예술의 다원성과 정치의 분파주의가 주는 혜택을 무척이나 좋아하는 나로서는 '반동적'이

◆ 『급진적 의지의 스타일Styles of Radical Will』, Farrar, Straus and Giroux, 1969.

나 '진보적' 같은 단어가 지긋지긋해요. 그런 판단은 언제나 이념적 순응을 부추기고 편협함을 조장합니다. 애초에 그런 의도에서 비롯된 것이 아니더라도 말이에요. 베리만에 관해서 나는 그의 작품을 신新스트린드베르주의적 여성관(스웨덴의 극작가인 아우구스트 스트린드베리는 여성을 극도로 혐오했던 것으로 알려져 있다—옮긴이)으로 환원하는 사람은 예술 개념과 복잡한 판단 기준을 버린 것이라고 봅니다. (만약 태도의 올바름이 가장 중요하다면, 매력적인 페미니즘적 통찰로 가득한 아브람 룸의 〈침대와 소파Bed and Sofa〉가 푸도프킨의 마초 영화 〈아시아의 폭풍Storm over Asia〉보다 더 훌륭한 영화겠죠.)

베리만을 향한 가혹한 비난은 많은 페미니즘 비평에 만연한 느슨한 기준이 거꾸로 뒤집힌 겁니다. 도덕적 보상이 있느냐로 영화를 평가하는 비평가들에게는 여성이 제작한 긍정적인 이미지를 전달하는 최근 영화 대다수를 수준 낮다고 흠잡는 일이 분명 똑똑한 척 과시하는 행동으로 보일 겁니다. 누군가를 '기술적 반동 세력'이자 '구식'이라고 부르면서 '사람들에게 도움되는' 것을 내놓지 않는다고 공격한다니요? (아마 이 비평가들은 자신이 따분한 문화 인민위원처럼 굴고 있지 않다는 걸 보여주고 싶은 것 같네요.) 나는 베리만이 구식이라고 생각하지 않아요. 그러나 베리만의 가장 훌륭한 두 작품인 〈침묵〉과 〈페르소나〉에서 내러티브의 독창성이 돋보이긴 했어도, 그의 작품에서는 그 어떤 유익한 발전도 드러나지 않죠. 그는 모방하기 가장 어려운 강박적 예술가예요. 스타인과 베이컨, 얀초처럼 베리만도 예술의 막다른 골목에 다다른, 답

답하게 기억에 남는 천재 중 한 명입니다. 이들은 한정된 소재로 아주 멀리까지 나아가요. 영감을 받으면 그것을 개선하고, 영감을 받지 못하면 그것을 반복하고 패러디하지요.

인터뷰어   많은 사람이 위대한 예술가 대다수의 정서가 뚜렷하게 보수적이며, 이들이 아직 오지 않은 미래보다 지나간 과거에 훨씬 애착을 느낀다는 '충격적인' 사실을 발견했어요. 예술작품의 어떤 특성 때문에 예술가가 이런저런 '급진적' 방침에 동조할 때조차 이 세상을 원래대로 보존하고 싶어 하고 따라서 세상과 보수적 관계를 맺는 걸까요? 어쩌면 이런 의미에서 예술가 개인의 정치적 견해가 어떤 것이든 예술 자체는 객관적으로 보수적이고, 그에 따라 반동적일지도…

손택   또 '반동적'이라고 하네요! 아까와 똑같은 질문을 다르게 반복하는 것 같으니, 나도 한번 다르게 대답해볼게요. 나는 일반인에 비해 예술가가 특히 더 보수적이거나 반동적이라고 생각하지 않아요. 그리고 사람이 본래 보수적이면 안 됩니까? 인간 의식의 중심축에서 과거가 필연적으로 더 큰 무게를 차지한다는 사실은 사회보다는 개인에게 더 큰 짐이겠지만, 어떻게 그렇지 않을 수 있을까요? 뭐가 충격적이죠? 평범한 것에 충격받는 것은 늘 선동이나 마찬가지죠. 우리가 역사의 연속체 위에서 자신을 인식하는 것은 너무나도 당연해요. 이때 우리 뒤에 놓인 과거는 무한히 두텁고 현재는 면도날처럼 얇습니다. 미래는, 음, 문제적이라고 말할 수 있겠네요. 시간을 과거와 현재, 미래로 나눈다고 한다면, 마치 세 부분이 현실에서 동등하게 나뉘는 것 같지만, 실제로는 과거가 셋 중 가장 실질적이에요. 미래는 어쩔 수 없이 상실의 축적이 되고, 우리는 모두 평생 죽어가고 있어요. 만약 예술가가 기억의 전문가이자 의식의 전문 큐레이터라면, 예술가들은 그저 자의로 집요하게 자기 일에 모범적으로 헌신하고 있을 뿐입니다. 삶을 살아가는 경험은 한쪽으로 기울어져 있어서 언제나 기억 상실보다는 기억이 더 유리하죠.

세상과 맺는 관계가 충분히 급진적이지 않다고 예술가를 비난하는 것은 예술 자체에 대한 불만일 수밖에 없어요. 그리고 예술을 비난하는 것은 여러 면에서 의식 자체를 짐이라고 비난하는 것과 같아요. 헤겔 철학의 고풍스러운 말처럼, 의식은 오로지 과거의 인식을 통해서만 스스로를 의식할 수 있기 때문이죠. 그리고 예술은 현재에 존재하는 과거의 가장 보편적인 양태입니다. 어떤 면에서 과거가 된다는 것은 예술이 된다는 것과 같아요. (이러한 변화를 그야말로 가장 잘 보여주는 예술이 건축과 사진이죠.) 모든 예술작품이 풍기는 파토스는 그 역사성에서 나와요. 작품이 물리적으로 부식되고 스타일이 진부해지면서요. 미스테리한 모든 것, 부분적으로 (그리고 영원히) 베일에 싸여 있는 것에서도 파토스가 나옵니다. 그리고 단순히, 누구도 **그** 작품을 똑같이 반복할 수 없다는 우리의 인식에서 나오기도 하죠. 어쩌면 모든 예술작품이 **곧**

예술은 아닐지도 몰라요. 예술작품은 과거의 일부가 되면서 예술이 **될 수 있을 뿐**이죠. 이런 규범적 의미에서 보면 '현대' 미술이라는 말은 모순입니다. 현재에 있는 우리가 현재를 과거와 얼마나 동화할 수 있느냐에 따라 다르겠지만요.

인터뷰어 그러나 현대의 수많은 해방운동가와 다양한 부류의 급진주의자가 예술작품은 새로워야 하며 익숙한 물질세계의 소품과 장식에서 벗어나야 한다고 주장합니다.

손택 하지만 그건 자기 피부를 벗기는 일과 마찬가지 아닐까요? 그리고 예술가에게 그들의 장난감, 즉 세상을 버리라고 요구하는 것은 더 이상 예술가로 살지 않기를 바라는 것과 똑같지 않나요? 모든 것을 버릴 수 있는 재능은 상당히 드물어요. 그렇게 했을 때 어떤 유익이 있는지도 아직 입증되지 않았고요. 예술뿐만 아니라 급진적 문제 해결(그리고 더 나아가 정치)의 목표로 제시되는 전면적 근절은 '해방'이 매우 제한적일 수 있음을 암시해요. 다시 말해, 우리가 가진 모든 가능성과 비교할 때 그런 방식은 퇴행적으로 보입니다. 문명은 모든 가능성을 중재하려고 하고, 거의 모두가 이에 불만을 느끼죠. 그러나 변증법적이지 않은 해방을 위해 치러야 할 대가는 그동안 우리가 문명을 위해 치러온 대가만큼 클 겁니다. 해방에 대한 방어적 환상과 문명의 타락 중 하나를 정말로 선택해야만 한다면, 그러한 선택이 덜 가혹해지도록 서둘러 노력합시다. 한 세기 전 헨리 제임스가 『카사마시마 공작부인The Princess Casamassima』에서 가상의 런던 무정부주의자를 통해 미국의 신좌파와 반문화적 이론가들을 예견하며 1960년대 이후의 문화적 딜레마에 대한 예리하고 우울한 분석을 내놓았을 때 두 가지 선택지 모두 도덕적 결함이 있어 보였다는 점을 생각하면 정신이 번쩍 들어요.

당신은 예술에 대한 모더니즘의 대표적 요구(새롭게 만들어라Make It New)의 정치 버전을 이야기하고 있는 것 같은데, 뭐든 새로워야 한다는 에즈라 파운드의 요구와 최근의 명령 사이의 유일한 차이점은 급진적인 정치관뿐이며, 이런 정치관 선언에 사용되는 언어를 액면 그대로 받아들여야 하는지 잘 모르겠네요. 문화적 백지상태를 요구하는 듯한 자칭 급진주의자들에게 한번 물어보세요. 그들이 쓰는 레토릭이 암시하는 바와 같이 그들이 모더니스트인 경우는 거의 없을 겁니다. 내가 보기에 당신은 급진주의자들의 항의를 묘사할 때 (좋은 것으로 추정되는) 도덕주의적인 정치적 급진주의와, 대물림된 과거에 저항하지만 전적으로 현상 유지에 일조하는, 도덕과 상관없는 반란을 헷갈린 것 같아요. 급진적 저항은 대개 일종의 복원주의에서 힘을 얻죠. 소비사회의 진정한 백지상태를 가능케 하기 위해 그간 근절된 공동체적 기쁨과 시민의 덕목을 복원하고 싶은 겁니다. 당신이 묘사한 의미의 급진주의자는 앤디 워홀일 거예요. 과거의 모든 것이 새로운 상품과 교환되는 경제의 이상적일 만큼 수동적인 아바타죠.

인터뷰어　　사회학자 필립 리프는 이렇게 주장했죠. "미국과 영국의 지식인들이 오늘날만큼 전반적으로 입장을 바꾼 적은 없다. 문화 엘리트를 자처하는 많은 사람이 적의 편으로 넘어갔다. 자신이 프로이트가 말한 본능적 군중의 대변인이 되었음을 깨닫지 못한 채로." 이에 대해 어떻게 생각하시나요? 선생님은 1960년대 중반에 여러 작품을 통해 대중문화와 엘리트 사이에 다리를 놓으려고 하셨는데, 본인이 "적의 편으로 넘어갔다"고 생각하시나요?

손택　　(웃음)

인터뷰어　　네?

손택　　당연히 그렇게 생각 안 하죠.

인터뷰어　　그렇다면 '문화 엘리트'와 '본능적 군중'을 구분하는 것이 유용하다고 생각하나요?

손택　　아니요. 그러한 구분은 저속하다고 생각해요. 문화의 서술적 의미와 규범적 의미의 차이를 무시하면 그 어느 쪽에도 제대로 된 구체적 의미를 부여할 수 없어요. 여러 의미에서 '문화'는 '엘리트'와 동일하지 않습니다. (어쨌든 엘리트는 한 명이 아니라 여러 명이에요.) 게다가 나는 '본능'과 '군중'이 어울린다고 생각하지도 않아요. 심지어 르봉과 프로이트도 그렇게 말했습니다. 이러한 구분은 본능에 대한 경멸과 사람에 대한 경솔한 비관주의, (이념과는 다른) 예술에 대한 열정 부족을 시사하는데, 저의 본능과 비관주의, 열정은 이와 달라요.

우리의 병들고 아픈 문화를 지키고자 하는 지식인은 무식한 군중에게 열을 내거나, 다른 지식인을 적에 가담했다고 비난하고 싶은, 너무나 이해되는 유혹에 저항해야만 해요. 제가 문화 엘리트에 대해 이야기하는 것을 조심스러워한다면 그 이유는 문화에 관심이 없어서가 아니라 사실상 쓸모없는 그 개념을 이제 보내주어야 한다고 생각하기 때문입니다. 예를 들어 문화적 엘리트 개념은 내가 1960년대 중반에 기술한 문화적 뒤섞임을 전혀 설명하지 못해요. 1960년대 중반은 다양한 수준의 문화와 엘리트 사이에서 대화가 이어진 한 세기 중에서도 특히 생생한 순간이었죠. 랭보와 스트라빈스키, 아폴리네르, 조이스, 엘리엇 같은 초기 모더니스트들은 '고급문화'가 '저급문화'의 단편을 어떻게 흡수할 수 있는지를 보여주었습니다(『황무지』와 『율리시스』 등등). 1960년대가 되자 대중예술, 특히 영화와 록 음악이 그때까지는 한정적인 문화 엘리트의 것이었던 거친 주제와 '어려운' 기술(콜라주 등)을 사용하기 시작했습니다. 이 문화 엘리트들은 말하자면 대학 교육을 받고 미술관에 다니며 아방가르드 예술이나 실험예술을 감상하는 코스모폴리탄이었죠. 저급문화가 모더니즘의 고급문화 장악에 중요한 역할을 했으며 모더니즘적 감성이 대중문화의 새로운 경계를 만들고 결국 그 안에 통합되었다는 사실은 문화에 관심 있는 사람이라면 절대 무시할 수 없거나 반드시 진지하게 다뤄야 할 주제입니다. 무언가를 이해하려고 시도하는 게(이는 최소 보들레르 때부터 진행된 과정인데) 그것을 정당화하는 것이 되나요? 나는 그런 정당화를 제시할 필요도 없었습니다. 게다가 문화를 무슨 세계 역사의 명작극장과 동일시하는 것을 멈추고, 매슈 아널드가 도버 해협에서 짐짓 아무렇지 않은 척한 이후(영국의 시인 매슈 아널드는 「도버 해협」이라는 시에서 현대과학의 발전으로 신앙이 위기에 처한 현실을 개탄한다—옮긴이) 상당히 복잡해진 고급문화의 운명에 (동시대적 경험을 토대로, 또 분노가 아닌 기쁨을 동기로) 대응하기에, 1960년대는 다소 늦은 시기인 것 같네요. 내가 보기에 리프의 구분이 암시하는 문화 개념은 너무 진부하고, 현대 시와 음악, 회화에 푹 빠져보거나 거기서 강렬한 기쁨을 느껴본 적 없는 사람에게만 그럴싸하게 들릴 겁니다. 여기서 문화는 예술을 의미하나요? (그렇다면 어떤 예술일까요?) 사상을 의미하나요? 둘은 서로 다르고, 문화는 둘 중 무엇의 정확한 동의어도 아니죠. '문화 엘리트'와 '본능적 군중' 같은 보수적 꼬리표는 '고급' 기준이라는 멸종위기종을 보호할 그 어떤 유용한 방법도 알려주지 않아요. 이처럼 개략적이고 자기 만족적인 용어로 문화의 질병을 진단하는 것은 문제의 증상이지 해답이 아닙니다.

인터뷰어 1964년의 에세이 「'캠프'에 관한 단상Notes on 'Camp'」

에서 이렇게 쓰셨죠. "나는 캠프에 강하게 끌리고, 거의 그만큼 강한 거부감을 느낀다. 이것이 내가 캠프에 관해 논하고 싶은 이유이자 논할 수 있는 이유다." 그리고 이렇게 덧붙였습니다. "어떤 감수성에 이름을 붙이고 그 윤곽을 그리고 그 역사를 이야기하려면, 반감을 통해 변형된 깊은 공감이 필요하다." 공감과 반감이라는 이 이중의 태도에 대해 더 자세히 설명해주실래요? 특히 말씀하신, 일부 여배우들에게 나타나는 '여성성의 촌스러운 현란함'과 관련해서요. 그리고 그러한 이중적 반응은 선생님의 페미니즘적 감수성과 어떤 관련이 있을까요?

손택 최근에 발표한 사진에 관한 에세이와 마찬가지로 「'캠프'에 관한 단상」도 퍽 일반적인 수준의 고찰에서 나왔어요. 어떻게 하면 "어떤 감수성에 이름을 붙일" 수 있을까, 어떻게 하면 "그 윤곽을 그리고 그 역사를 이야기할" 수 있을까, 이 문제에서 시작해 사례와 본보기를 찾았죠. 윤리적이거나 미학적인 월계관이 잔뜩 쌓인 곳에서 감성 X를 고르는 것보다 이국적이고 명백히 비주류적이며 심지어 경멸받는 감성을 환기하는 편이 더 재미있을 것 같았어요. 감수성이라는 다소 별난 관념 자체가 더 말끔한 허구인 '개념'에 밀려 무시되어 왔으니까요.

처음에 고른 것은 죽음에 집착하는 음울함이었어요. 한동안 그걸 붙들고 죽음과 관련된 조각과 건축물, 비문, 음울한 전설에 대한 오랜 집착을 체계화해보려 했어요. 이것들이 결국 제 소설『죽음 키트Death Kit』와 영화 〈약속의 땅〉에 비체계적으로나마 자리 잡았지요. 그러나 그 자료는 너무 상세하고 복잡해서 설명하기가 힘들었어요. 그래서 캠프로 주제를 바꾼 겁니다. 캠프는 주변부에 있으면서도 익숙하다는 장점이 있었고, 더 빠르고 명료하게 설명할 수 있었죠. 많은 사람이 캠프라는 감수성을 이해한다는 걸 알고 있었어요. 그 감수성의 이름은 몰랐을 수 있겠지만요. 나의 경우, 「죽음에 관한 단상」 대신 「'캠프'에 관한 단상」을 쓰기로 하면서 음울함의 발작으로 내 재치에 목을 조르는 대신, 캠프적 재치를 통해 내 진지함을 더 가볍고 부드럽게 만들기로 선택했어요. 음울함에 비해 캠프는 명확히 정의하기가 더 어려웠습니다. 실제로 캠프는 감수성이 굉장히 다양한 의미를 지닐 수 있으며, 겉으로 드러나는 내용보다 드러나지 않는 내용이 더 복잡할 수 있음을 보여주는 풍성한 사례였어요.

여기서 양가감정에 대한 질문이 생기죠. 나는 문화의 묘지를 어슬렁거리며 캠프적 취향이 아이러니를 통한 재탄생에 어떤 영향을 미칠 수 있을지를 즐겁게 고민했어요. 내가 3개 대륙의 도시들과 시골길 옆에 있는 진짜 묘지에서 진짜 죽음에 경의를 표하기 위해 멈춰 섰던 것처럼요. 어떤 광경은 매혹적이고 어떤 광경은 역겨운 것이 이런 일탈의 특성이에요. 당신이 지목한 주제, 그러니까 패러디적 여성 표현에 나는 큰 감흥을 느끼지 못해요. 그러나 그저 불쾌했다고 말할 순 없어요. 종종 즐거웠고, 어느 정도는 해방감을 느끼기도 했으니까요. 내 생각에 극적인 여성성을 선호하는 캠프적 취향은 정형화된 여성성을 과장하고 따옴표를 붙임으로써 틀에 박힌 여성성의 신뢰도를 훼손하는 데 일조했습니다. 여성스러움을 촌스럽게 만드는 것은 고정관념에 거리를 두는 한 방식이에요. 캠프와 아름다움의 극도로 감상적인 관계는 여성에게 아무 도움도 안 되지만, 캠프의 아이러니는 도움이 되죠. 성을 비꼬는 것은 성별의 탈극화로 나아가는 작은 한 걸음이에요. 이런 면에서 1960년대 초반에 캠프적 취향이 확산된 것은 의도치 않았을지언정 1960년대 후반 페미니즘 의식이 급증하는 데 크게 기여했을 겁니다.

인터뷰어 메이 웨스트 같은 옛날식 섹스 퀸에 대해서는 어떻게 생각하시나요? 메이 웨스트가 관객에게 남긴 인상은 선생님이 말씀하신 것과 다른 것 같은데요.

손택 나는 다르지 않다고 생각해요. 메이 웨스트가 가장 오래된 수단을 썼을지는 몰라도, 그의 영예는 새로운 스타일의 섹스 퀸으로서, 즉 섹스 퀸의 모방자로서 얻은 거였어요. 관객이 어느 순간부터 있는 그대로 받아들이지 못하게 된 사라 베르나르의 스타일과 달리, 메이 웨스트의 스타일은 처음부터 일종의 패러디였죠. 이처럼 활기차고 강렬하고 저속한 패러디에 의식적으로 끌리는 것은 한 세기간 이어진 탐미주의의 진화(그리고 점진적인 민주화)의 마지막 단계입니다. 이에 관한 더욱 폭넓은 역사와 그 영향은 「'캠프'에 관한 단상」에서 개략적으로 설명했죠. 하지만 사람들이 그 내용을 가장 잘 이해한 것은 약 50년 전 '캠프'라는 단어가 처음 등장한 환경에서였어요. (속어를 연구하는 학자들은 '캠프'의 기원에 대해 'O.K.'의 기원만큼이나 의견이 분분하지만, 나는 이 단어가 **캠퍼**camper에서 나왔다고 봐요. 옥스퍼드 프랑스어 사전에 따르면 이 단어의 의미는 "대담한 자세를 취하다"죠.) 전형적인 여성성을 해체하며 성차별주의를 조롱하고 이에 도전하기 시작한 것은 1920년대입니다. 이런 도전이, 여성에게 정의와 보상을 제공하라는 1890년대의 도덕적 요구를 보완했죠. 이러한 도덕적 요구는, 예를 들면 버나드 쇼의 에세이나 조지 기싱의 소설 『짝 없는 여자들The Odd Women』에서 잘 드러나요. 내가 하려는 주장은, 오늘날의 페미니즘 의식에는 길고 복잡한 역사가 있으며, 남성 동성애적 취향의 확산이 그 역사의 일부라는 거예요. 이런 취향이 이따금 '여성성'을 무분별하게 조롱하고 과장해서 경의를 표하는 것도 그 역사의 일부고요. 페미니스트들보다 페미니즘에 반대하는 이들이 이 사실을 더 빨리 알아차렸는데, 예를 들면 윈덤 루이스는 1920년대 후반에 소설 형식을 빌려 『영아 대학살Childermass』이라는 비판을 담은 글을 썼는데, 동성애자와 여성 참정권 운동가들 때문에 자연스러운 여성성과 남성성이 어떻게 전복되고 있는가에 관한 긴 연설이 나와요. (현대 동성애는 '페미니즘 혁명의 한 분파'로 비난받죠.) 그리고 루이스의 지적은 틀리지 않았어요.

인터뷰어 1967년에 쓰신 에세이 「포르노그래피적 상상력」에서 도미니크 오리의 소설 『O 이야기Story of O』의 주인공을 "인간 존재로서의 소멸과 성적 존재로서의 충족을 향해 동시에 나아가는" 여성으로 설명한 뒤 이렇게 물으셨어요. "'자연'이나 인간의 의식에 이러한 분열을 뒷받침하는 무언가가 진실로, 경험적으로 존재하는지 누가 어떻게 확인할 수 있을까?" 제가 보기엔 성적인 충족을 대가로 자아를 상실하는 것이 새로운 페미니즘적 깨달음의 비유로 여겨질 수도 있을 것 같은데요. 즉, 여성들은 '여성으로서 충족'되기 위해 종종 자율적 개인으로서의 정체성을 양도한다는 것이죠. 『O 이야기』에 1967년에 보신 것보다 더 많은 함의가 담겨 있을 수 있다는 데 동의하시나요? 이 소설이 페미니즘적 관점을 통해 의미가 더 풍성해지는 독특한 정치적 작품으로 여겨질 수 있을까요?

손택 온갖 신통찮은 자료에서도 유익한 교훈을 끌어낼 수 있다는 데는 동의하지만, 제가 볼 때 O의 운명은 페미니즘적 깨달음이나 유구한 여성의 종속을 보여주는 비유는 아니에요. 여전히 제 관심은 이 소설이 성적 판타지의 악마적 측면을 솔직하게 드러낸다는 데 있어요. 이 소설이 신성화하는(그리고 전혀 개탄하지 않는) 폭력적 상상은 주류 페미니즘의 낙관적이고 합리적인 인식에 국한될 수 없습니다. 포르노그래피의 형식으로 나타나는 유토피아적 사고는 대부분의 공상과학 소설과 마찬가지로 부정적인 유토피아죠. 섹슈얼리티가 (잠재적이고 이상적으로) 매우 격렬하고 파괴적이며 반율법적인 에너지라고 주장한 작가들이 대개 남성이기에, 보통 이런 형태의 상상력이 늘 여성을 차별한다고 생각하죠. 나는 꼭 그렇지만은 않다고 봐요. (자유분방한 성적 에너지를 찬양한 모니크 위티그의 작품에서처럼 그러한 상상력이 남성을 차별할 수도 있어요.)

성생활에 관한 다른 설명들과 「포르노그래피적 상상력」이 다른 점은, 이 글이 극단적 상황의 섹슈얼리티를 다루고 있다는 점이에요. 즉, 포르노그래피의 묘사는 한 가지 명백한 의미에서 매우 비현실적이에요. 성적 에너지는 끝없이 충전될 수 없고, 성행위는 지치지 않고 계속될 수 없죠. 그러나 또 다른 의미에서 포르노그래피는 욕망의 중요한 현실을 가혹할 만큼 정확하게 드러냅니다. 관능은 굴복을 의미하며, 충분히 창의적으로 추구하고 충분히 극단적으로 경험한 이 같은 성적인 굴복은 개인이 가진 자부심을 무너뜨리고 우리의 의지가 늘 자유로울 수 있다는 개념을 조롱합니다. 바로 이것이 섹슈얼리티 자체에 관한 진실이자, 섹슈얼리티가 자연스럽게 향할 수 있는 결과에 관한 진실이에요. 오로지 관능만을 위해 살아가는 것은 엄청난 **고행**이기 때문에 이렇게 극한으로 쾌락을 추구하는 여성과 남성은 많지 않아요. 그러나 성적인 파멸에 대한 환상은 매우 흔하죠. 그런 환상은 분명 성적 쾌락을 강화하는 수단일 겁니다. 여기서 드러나듯 강렬한 쾌락에는 이른바 비인간적인 면이 있는데, 인본주의적으로 '수정한' 프로이트주의는 그 사실을 여전히 경시하고 있어요. 대다수 페미니스트가 편안해하는 이 수정주의는 통제하기 힘든 무의식적이거나 비합리적인 감정의 힘을 축소하죠.

당신은 이 책을 "'자연'이나 인간의 의식에 있는" 무언가에 관한 나의 잠정적 개념 대신, 정치적 관점에서 이해하자고 제안하고 있네요. 하지만 나는 지금도 그때의 내 추측을 지지해요. 인간 안에서 성적 충동이 작동하는 방식에는 본질적인 결함이나 자멸적 특성이 있는 것 같아요. 예를 들면, 성적인 에너지와 강박 사이에는 우연적인(즉 신경증적인) 것이 아닌 본질적인(그러므로 정상적인) 관련성이 있어요. 성적 존재의 온전한 발달은 의식의 온전한 발달과 충돌하는 것으로 보여요. 우리의 **모든** 성적 불만족이 문명화의 대가로 지불하는 섹슈얼리티의 세금이라고 생각하는 대신, 애초에 우리가 병든 존재라고 생각하는 것이 더 옳을지도 몰라요. 우리는 본래 니체가 말한 "병든 동물"이기에 문명을 만들어 내는 걸지도 모르죠.

성적 충족의 영역에서 이루어지는 중요한 성취와 개인적 의식의 영역에서 이루어지는 중요한 성취는 본질적으로 불일치해요. 그리고 현대의 세속 문화에서 섹슈얼리티가 점점 널리 이용되면서 이러한 불일치는 갈수록 커지고 있고요. 종교적 경험의 진실성이 줄어들수록 성적 경험이 더욱 부풀려져 거창한 의미를 띠게 되었을 뿐만 아니라, 이제는 진실성의 기준까지 적용되죠(이로써 성행위에 전에 없던 새로운 불안이 따라붙었지요). 특히, 심리적으로 완전히 굴복하는 경험에 대한 탐구는 더 이상 전통적인 종교 형식에 갇히지 않게 되었고, 점점 더 초조하게 오르가즘의 압도적 특성에 집중하게 되었어요. 『O 이야기』로 극화된 완전한 성적 충족의 신화는 이처럼 매우 현대적인 비아 네가티바(via negativa, 진리가 아닌 것을 제거해 나가면서 진리를 찾는 방식―옮긴이)와 관련이 있습니다. 완전히 세속화되기 전의 우리 문화나 과거와 현재의 다른 문화에서 나온 증거에 따르면, 이처럼 개인의 의식을 초월하는 수단으로 관능을 추구한 경우는 드물었어요. 아마 오늘날처럼 섹슈얼리티에 이런 관념적 부담이 부여될 때만 섹슈얼리티가 잠재적 위협이 아닌 인간성과 개성을 위협하는 진짜 위협이 될 수 있을 거예요.

인터뷰어 필립 리프는 저서 『동료 교사들Fellow Teachers』에서 이렇게 말합니다. "진정한 비평은 무엇보다 이미 알려진 것을 반복하는 것이다. 훌륭한 교사는 이미 알려진 것을 스스로 지니고 있기에 그것을 학생에게 전할 수 있는 사람이다. 그 내면이 교사가 가진 절대적이고 환원할 수 없는 권위다. 그 권위를 알아차리지 못하는 학생은 학생이 아니다." 분명 리프가 말하는 권위 있는 지식은 전문가들이 가진 전문 지식이 아닐 겁니다. 리프의 말이 어떤 의미라고 생각하세요? 그리고 리프의 정의에 따르면 우리 고등 교육기관에 학생이 거의 없다는 데 동의하시나요?

__손택__ 그 정의에 따르면 학생은 정말 극소수겠네요. 그조차도 너무 많을 수 있어요. 필립 리프의 정의에 따르면, 교수는 아예 **없을** 수도 있으니까요. 리프가 말하는 교수의 권위는 겨우 빌헬름 2세의 독일 때 시작되었어요. 규범적 의미의 학생(헌신적인 태도와 재능을 갖춘 배움의 애호가)은 매우 적고 기술적 의미의 학생(교실을 채운 사람들)은 훨씬 많다는 것은 잘 알려진 사실이고, 교양교육이 시작되면서 이른바 어려운 책을 과제로 내고 학생들의 말대답 없이 복잡한 개념을 자세히 설명하는 건 한 세대 전에 비해 더욱 어려워졌죠. 그러나 필립 리프는 대중교육에 반대하는 자신의 주장을 과장하면서 주장의 설득력을 잃었습니다. 서구 지성사에서 대학 교사가 언제 "절대적이고 환원할 수 없는 권위"를 가졌나요? 독재자 같은 교사의 본보기가 충분히 많았을 것으로 추정되는 위대한 신앙의 시대조차, 자세히 들여다보면 반대의견과 이단, "이미 알려진 것"에 대한 의심이 들끓고 있었어요. 명령을 통해 교사의 절대적 권위를 회복할 수는 없습니다(이제 학교는 돌이킬 수 없이 세속화되어 복수의 '전통들'을 전달하고 있습니다). 현재 교사나 학교에서 가르치는 내용에는 그런 절대적 권위가 없고, 과거에도 없었어요.

어떤 단어의 의미를 선언하는(교사를 권위를 가지고 가르치는 사람으로, 학생을 교사의 권위를 수용하는 사람으로 정의하는) 방식으로는 고등교육의 수준을 낮춰야 한다는 엄존하는 역사적 압박을 약화할 수 없어요. 어쩌면 필립 리프의 정의를, 최고 수준을 유지하기 위한 싸움이 완전히 패배했다는 증거로 삼아야 할지도 모르겠네요. 일류 대학 교육의 쇠퇴가 정말로 돌이킬 수 없다면, 아마 그럴 텐데, '위대한 교사와 위대한 학생'이라는 공허한 정의에서 드러나는 것과 같은 구체제에 대한 방어가 나타나기 마련이니까요. 역사적 부적절성을 미덕으로 포장하는 필립 리프의 권위주의적 대학 이론은 19세기 후반과 20세기 초반에 독일과 프랑스에서 전개된 권위주의적 부르주아 국가 이론과 유사합니다. 과거에는 교사가 특정 신조나 '교리'를 통해 권위를 가졌으나, 리프의 이론은 매우 현대적이고 아무 내용 없는 권위 개념을 제안하죠. 이 권위는, 예를 들면 니케아 신경에서 나온 것이 아니라, 권위라는 개념 자체에서 나온 거예요. 교사의 권위는 알맹이가 사라지고 형식만 남았습니다. 권위 자체("그 내면")가 위대한 교사를 정의하는 특징이 되죠. 아마도 권위가 없는 사람, 권위를 가질 수 없는 사람만이 그토록 대담하고 공격적으로 권위를 주장할 수 있는지 모르겠네요. 심지어 지도자와 대중의 관계에 대한 마오쩌둥주의 개념에서도 위대한 스승의 권위는 권위가 아닌 지혜에서 나왔으며, 그 지혜 중 널리 선전된 것이 바로 "이미 알려진 것"을 뒤집는 것이었어요. 그러나 필립 리프의 교사 개념은 그가 스스로 야만적인 학생들에게서 보호하고 있다고 생각하는 서구적 실천과 고급문화의 주요 전통보다는 마오쩌둥주의의 교육 개념과 공통점이 더 많아요. 필립 리프의 개념은 마오쩌둥주의만큼이나 사상의 독립성을 무시하죠.

주로 권위 개념의 측면에서 교사를 정의하는 것은 필립 리프가 적극 주장하는 엘리트 교육의 기준에 심하게 못 미치는 것 같습니다. 이 정의가 소망적 사고를 조장하고 개인의 오만을 허용한다는 사실은 비교적 사소한 문제죠. 중요한 것은, 이 정의가 사실상 교사의 미덕을 전부 배제한다는 거예요. 앞서 말했듯 지혜가 배제되고 소크라테스의 교육적 에로스도 배제돼요. 겸손은, 너무 급진적이거나 감상적으로 들린다면 제쳐두죠. 하지만 회의주의는 어떨까요?

교육받은 사람에게 스스로 '지닌' 것에 대한 약간의 회의는 독선의 유혹에 저항하는 데 특히 유용해요. 필립 리프처럼 허친스 총장 시기의 시카고 대학이라는, 미국에서 가장 야심 차고 가장 성공한 권위주의적 교육 체제에서 학부 교육을 받는 행운을 누린 사람으로서, 나 역시 아직 필립 리프만큼 선택권 없는 교육 과정을 열렬히 지지해요. 그러나 나는 "위대한" 책들과 "영원한" 문제들에 관한 그 모든 형태의 합의가, 일단 안정되면 결국 속물적인 것으로 변질되기 쉽다는 것을 알고 있어요. 진정한 지식인의 삶은 언제나 "이미 알려진 것"의 경계에 있어요. 그 위대한 책들에는 관리인과 전달자만 필요한 것이 아니에요. 생생하게 살아 있기 위해서는 반대자도 필요하죠. 가장 흥미로운 생각은 이단적 생각입니다.

인터뷰어   「포르노그래피적 상상력」과 전체주의 예술의 미학을 논한 리펜슈탈에 관한 에세이를 연결해보고 싶습니다. 『O 이야기』는 얼마나 전체주의적인 작품이라고 할 수 있을까요? 그게 아니라면 전체주의적인 작품을 역설적으로 비평한 것일까요? 여성의 완전한 복종 이야기와, 전능한 지도자 앞의 복종에 중점을 둔 리펜슈탈의 작품 사이에 어떤 관련성이 있을까요?

손택   『O 이야기』가 역설적이라고 생각하지 않아요. 전체주의에 대해서도, 사드 문학의 전통에 대해서도요. 『O 이야기』는 사드 문학을 의식하고 있지만, 그것을 아주 정교하고 조심스럽게 현대화한 책이에요. 이 책이 전체주의적 작품인가요? 『O 이야기』와 나치즘의 성애화된 정치 사이에서 찾을 수 있는 관련성은 그저 우연인 것으로 보여요. 예명으로 이 책을 쓴 여성 작가의 의도와도 무관한 것 같고요. 나치 분장에서 사도마조히즘적 연출이 나타나기 시작하면서 요즘 그러한 관련성이 쉽게 떠오르긴 하지만 말이죠. 언급해야 할 차이가 또 하나 있는데, 바로 (현실이나 영화 속) 정치적 사건의 에로티시즘과 (현실이나 허구 속) 사생활의 에로티시즘은 다르다는 겁니다. 히틀러는 리더십을 폭력으로 묘사하며 성적 은유를 이용해 지도자의 권위와 대중의 순종을 나타냈을 때 대중을 여성에 **비유한** 것이에요. (그러나 O는 한 명의 여성이며, 이 책은 성적인 것을 통한 개인의 구원 이야기이죠. 이런 구원 이야기는 모든 형태의 신비주의와 신新신비주의가 그렇듯 매우 반정치적이에요.) 현실에서 발생하는 성적 상황에서의 복종 및 충족과 비교했을 때 히틀러의 리더십 개념(강간)과 팔로우십 개념(굴복)에서 나타나는 에로티시즘은 속임수이자 가짜입니다.

은유를 매개로 한 개념과 (현실이나 허구 속) 경험에는 차이가 있으므로, 현대 정권들이 완전한 이념적 합의를 형성하고자 사용한 은유들은 실제 현실과의 거리감이 저마다 달라요. 공산주의에서 지도부가 대중을 이끄는 방식은 성적인 지배가 아니라 스승의 가르침으로 비유되죠. 지도부는 권위를 가진 스승이고, 대중은 스승의 제자지요. 이러한 비유 때문에 마오쩌둥주의의 레토릭이 상당히 매력적으로 보이기는 합니다. 나치 레토릭이 역겨운 만큼이나 매력적이죠. 그러나 아마 그 결과로 정신과 신체는 훨씬 전면적으로 통제될 겁니다. 파시즘의 성애화된 정치가 결국 가짜 에로티시즘인 반면, 공산주의의 교수법적 정치는 실질적이고 효과적인 교육 과정이죠.

인터뷰어 1965년에 공상과학 영화에 관한 에세이 「재앙의 상상력」을 쓰셨습니다.♦ 그때 이후로 공상과학에 관해, 예를 들어 아서 클라크의 『유년기의 끝』에서 제시된 지성 개념에 관해 더 생각해보셨나요? 「재앙의 상상력」과 「포르노그래피적 상상력」 사이에, 파시즘 미학 속의 지도자와 추종자 사이에 연결고리가 있을까요?

♦   『해석에 반하여』(Farrar, Straus and Giroux, 1966)에 수록.

손택   그 에세이는 다른 무엇보다도 권위주의적인 감정과 인식의 형태에 관한 논의로 이해할 수 있어요. (그리고 내 에세이에서만 이러한 논의를 찾을 수 있는 것은 아닙니다. 예를 들어 내가 스웨덴에서 만든 영화 〈카니발을 위한 이중주Duet for Cannibals〉와 〈동생 칼Brother Carl〉, 그리고 최근 발표한 두 단편소설 「오래된 불만을 다시 생각함Old Complaints Revisited」과 「지킬 박사Doctor Jekyll」 역시 지도자와 추종자의 사생활을 그린 작품들이죠.) 공상과학 소설(언젠가 이 주제로 더 나은 에세이를 쓰고 싶은 마음이 있어요)은 권위주의적 개념으로 가득해요. 다른 현대적 맥락(예를 들면 포르노그래피)에서 드러나는 개념과 공통점이 많은 이 개념은 권위주의적 상상력의 전형적인 형태를 보여줍니다. 클라크의 소설은 지성의 권위주의적 이상을 옹호하는 공상과학 소설의 특징을 뚜렷하게 보여주는 사례 중 하나예요. 19세기 초부터 예술과 사상의 주요 주제였던 악마적 정신에 대한 낭만주의적 항의는 20세기에 기술관료적이고 순전히 도구적인 정신 개념이 힘을 얻으면서 자기충족적 예언이 되었고, 그 결과 지성은 그 어느 때보다 위협적으로 느껴지는 사회적·심리적 문제를 해결하는 데 절망적일 만큼 부적절해졌어요. 공상과학 소설은 더 우월하거나 '더 고결한' 지성이 인간사와 골치 아픈 감정에 질서를 부여할 것이며, 이로써 유년기, 즉 역사를 끝낼 것이라는 개념을 퍼뜨리죠. 포르노그래피는 파시즘의 대규모 스펙터클처럼 (지배자와 피지배자의 몸을 이상적으로 연출함으로써) 정신을 폐기하고자 합니다.

      우리가 살고 있는 문화는 철저한 무지를 추구하며 지성의 적절성을 전면 부인하거나 지성을 권위와 억압의 도구로 옹호해요. 제 생각에, 옹호할 가치가 있는 유일한 지성은 비판적이고 변증법적이며 회의적이고 단순화를 거부하는 지성이에요. 갈등을 완벽히 해결하려 하는(즉 갈등을 진압하려 하는) 지성, 조종을 합리화하는 지성(물론 공상과학 소설의 주요 전통에 계속 출몰하는 도스토옙스키의 소설 속 대심문관의 훌륭한 주장처럼, 그 명분은 다른 사람들의 이익입니다)은 **내가 생각하는** 규범적 지성 개념이 아니에요. 당연하게도, 지성에 대한 경멸은 역사에 대한 경멸과 궤를 같이하죠. 물론 역사는 비극적입니다. 그러나 저는 역사를 끝내려 하는, 적어도 문명을 가능케 한 비극을 영원한 야만성이라는 악몽 또는 '길몽'으로 대체하려 하는 모든 지성 개념을 지지할 수 없어요.

문명에 대한 옹호는 권위주의적이지 않은 지성에 대한 옹호를 내포한다고 생각합니다. 그러나 오늘날 문명을 옹호하는 모든 사람은 이미 야만성에 어느 정도 잠식당한 이 문명이 실제로 끝에 다다랐으며, 우리가 아무리 노력해도 다시 이어 붙일 수 없다는 사실을 자각해야만 하죠(자주 말한다고 도움이 되리라 생각하지는 않습니다만). 그러므로 우리가 과민성과 수동성이라는 한 쌍의 고통과 맞서 싸우며 현 상황을 이해하고자 노력하는 이 과도기적 문화에서, 그 어떤 입장도 편안할 수 없고, 안일하게 내세워서도 안 됩니다. 아마도 지성과 무지, 문명과 야만성, 진실에 대한 책임과 사람들의 필요에 대한 책임의 문제를 다룬 가장 유익한 논의는 쇤베르크의 오페라 〈모세와 아론Moses and Aaron〉일 거예요. 도스토옙스키는 예수에게 대심문관의 독백에 대답할 기회를 주지 않아요. 그 소설 전체가 우리에게 그 답을 구성할 재료를 주지만 말이죠. 그러나 모세와 아론은 서로의 주장에 답합니다. 쇤베르크는 오페라 내내 연출과 음악을 통해서 아론이 대변하는 관점에 맞서고 모세의 말을 지지하긴 하지만, 실제 논쟁에서는 두 사람의 주장을 동등하게 설정합니다. 이 질문은 극히 복잡하므로 모세와 아론의 논쟁은 현실에서와 마찬가지로 답을 내놓지 않죠. 모세와 아론 둘 다 옳아요. 문화에 관한 모든 진지한 논쟁(결국 이 논쟁은 진실에 관한 논쟁이어야 합니다)은 그 복잡성을 존중해야만 해요. (1975)

해제

머브 앰리|Merve Emre (문학평론가, 작가)

여성을 주제로 한 과거의 글들을 소개해달라는 부탁을 받으면 비평가는 불안에 휩싸인다. 그 글들이 덜 계몽된 먼 과거의 유물로서만 흥미를 끌까 두렵기 때문이다. 하지만 이 책에 실린 수전 손택의 에세이와 인터뷰를 다시 읽으면, 어떤 글들은 결코 낡지 않는다는 걸 깨닫는다. 거의 50년 전에 쓴 글이지만, '그 시대의 산물'이라는 생각이 들기는커녕, 시간이 지나도 바래지 않는 그 천재성에 감탄하게 된다. 이 책에는 그 어떤 기성 관념도, 다른 데서 빌려온 레토릭도, 도그마나 위선으로 굳어질 만한 것도 전혀 없다. 그저 당면한 과제에 치열하게 맞붙는 지성의 스펙터클을 보여줄 뿐이다. 그 과제는 이 세계에서 여성으로 산다는 것의 정치적·미학적 측면을 명료한 언어로 표현하는 것이었다.

수전 손택은 그 비범한 매력 때문에 특히 성과 젠더에 관한 사안에서 부당한 평가를 받았다. 손택의 명성을 의심하고, 그가 성공한 여성으로서 평범한 여성이 겪는 곤경을 전혀 모르리라 확신한 비평가들은 손택과 여성의 관계를 좋게 말하면 변덕스럽고, 나쁘게 말하면 신뢰할 수 없는 것으로 묘사했다. 예를 들어 시인이자 페미니즘 활동가인 에이드리언 리치가 레니 리펜슈탈에 관한 손택의 에세이 「매혹적인 파시즘」에 반대하며 《뉴욕 리뷰 오브 북스》에 보낸 편지에는 분명 손택에 대한 은근한 비난이 담겨 있다. 리치는 레니 리펜슈탈의 작품이 문화적 기념비가 된 데 어느 정도 페미니스트의 책임이 있다는 손택의 의견을 일축하며 "급진 페미니스트들은 남성과 동일시된 '성공한' 여성을, 그들이 예술가든 경영진이든 정신과 의사든 마르크스주의자든 정치인이든 학자든 상관없이 꾸준히 비판하고 있다"고 반박한다. 리치가 편지에서 직업적 성공 외에도 사람의 사물화, 스타일에 의한 개성의 말소, 지배와 복종을 통한 완벽성의 추구처럼 손택이 관심을 가진 미학적·윤리적 현상까지 "남성과 동일시된" 가치로 간주한 것은 우연이 아니었다. 리치는 이 모든 주제를 가부장제로 묶어버리면서 이 주제에 끌렸다는 이유로 손택을 비난했다.

손택이 급진적 페미니즘 운동에 참여하지 않았다는 리치의 주장에 동의할 수도 있다. 손택은 급진 페미니즘 운동이 물려받은 정치적 레토릭(그는 일기에 이것을 "극좌주의의 레토릭"이라고 썼다)과 지성을 "부르주아적이고 남근 중심적이고 억압적인 것"으로 취급하는 급진 페미니즘의 사고방식에 의문을 제기했다. 그리고 리치에게 보내는 답장에서 "모든 중요한 도덕적 진리가 그렇듯 페미니즘은 다소 단순"하다고 말했다. 하지만 우리가 "남성과 동일시된" 여성이나 가치를 도덕적으로 거부하느냐 아니냐를 리트머스 시험지 삼아 페미니스트 여부를 판가름하려는 게 아니라면, 여성에 관한 손택의 글이 "자기 자신이 직접 느낀 현실을 예리한 정신으로 해석한 것이 아닌, 단순한 지적 유희처럼" 보인다는 리치의 주장을 의심스러운 눈으로 볼 수밖에 없다.

1972년 손택은 일기에서 '여성'이 자신이 평생을 따라다닌 세 가지 주제 중 하나라고 말했다(나머지 둘은 '중국' 및 '괴짜freaks'다). 그러나 손택이 쓰는 글의 중심에 여성이 자리하게 된 것은 1970년대가 되어서였다. 여기에는 아주 단순한 역사적 이유가 있다. 미국에서 1968년부터 1973년은 여성운동이 가장 가시화되고 활발하게 벌어진 시기였다. 오늘날 우리 눈에 그 시기는 마치 장면이 휙휙 전환되는 영화 속의 한 시퀀스처럼 보인다. 브라를 불태우는 여성, 거리를 행진하고 촛불시위를 벌이는 여성, 동일임금과 가정폭력, 가사, 육아, 임신 중절 등의 주제를 등사판으로 찍어서 배포하는 여성, 『제2의 성The Second Sex』과 『여성의 신비The Feminine Mystique』, 『성의 변증법The Dialectic of Sex』, 『성 정치학Sexual Politics』 같은 책들을 넘겨보는 여성. 유명한 여성 에세이스트 거의 모두가 페미니즘 운동에 관한 생각을 밝혔고, 많은 이들이 차갑고 경멸적인 논조로 이 운동의 목표와 원칙을 의심했다.

오늘날 우리는 엘리자베스 하드윅의 기이할 만큼 산만한 「위민 리 위민Women Re Women」이나 조앤 디디온의 심술궂고 놀라울 만큼 얄팍한 「여성운동The Women's Movement」 같은 에세이를 읽으며 어렴풋한 불편함을 느낀다. 혹은 그저 이들에게 동료 의식이 없다는 사실, 그들이 그렇게 마음껏 무시한 여성들의 삶만큼이나 본인의 삶에도 깊이 영향을 미쳤을 사회적 조건에 이들이 관심이 없다는 사실에 당혹감을 느낀다.

반면 손택의 에세이와 인터뷰는 힘 있고 동조적이고 매우 정직하며, 여성의 현재 또는 미래의 모습을 포용력 있게 상상한다. 이 책은 『급진적 의지의 스타일Styles of Radical Will』(1969)과 『토성의 영향 아래Under the Sign of Saturn』(1980) 사이에 발표된 에세이 모음집으로 출간될 수도 있었을 것이다. 이 책에 모인 글들은 손택의 글쓰기에서 간과된 5년을 보여준다. 이 중 대다수는 베트남 여행과 첫 번째 암 진단 사이에 쓰였다. 이 책을 손택의 개인사와 역사라는 두 가지 맥락에서 읽으면, 이 글들이 죽음에 에워싸여 있으며 손택의 여성 개념 전체가 필멸에 대한 자각과 보편적인 심신의 쇠퇴에 사로잡혀 있음을 알게 된다. 1974년, 손택은 일기에 이렇게 썼다. "요전 날 여느 때처럼 나의 죽음에 대해 생각하다가 깨달은 것이 있다. 지금까지 내 사고방식은 너무 추상적인 동시에 너무 구체적이었다. 너무 추상적인 것: 죽음. 너무 구체적인 것: 나. 그 중간에 적당히 추상적이고 구체적인 용어가 있었다: 여성. 나는 여성이다. 이렇게 내 눈앞에 완전히 새로운 죽음의 우주가 펼쳐졌다." 이 죽음의 유령은 손택이 개인과 집단의 관계, 그리고 한 여성과 시간이 흐르면서 진화하고 변화할 수 있는 역사적 범주로서의 여성의 관계를 재고하는 원동력이 되었다. 이 글들은 이전 에세이처럼 현란하고 도발적으로 아름답다기보다는 더 절제된 스타일로 쓰였다. 마치 여성 전체를 이야기하려면 자신의 특출한 자아를 어느 정도 지워야 한다는 듯이.

글에서 죽음은 여러 이상한 외피를 쓴다. 손택이 자기 일기에서 상상한 것처럼 죽음이 강간과 살인과 노예제도라는 끔찍한 형태로 나타나는 경우는 드물다. (한 흥미로운 일기에는 손택이 결국 쓰지 않은 한 에세이에 관한 메모가 적혀 있는데, 손택은 그 글에 '죽어가는 여성들에 대하여'나 '여성은 어떻게 죽는가'라는 제목을 붙이려 했다.) 그보다 죽음은 손택이 1972년에 좌파 계간지 《리브레Libre》와 나눈 탁월한 인터뷰 「여성이라는 제3세계」에서처럼 이따금 세계 질서 전체의 자멸 의지로 나타나고, 이러한 세계의 무한 성장 이데올로기는 "계속해서 증가하는 생산성과 소비, 무한한 환경 파괴"를 동반한다. 여성과 남성 모두 점점 더 많이 축적하려는 이 노골적이고 극심한 욕망에 빠져들었으나, 여성에게는 "성적 탄압의 감옥이자, 일관성 없는 도덕적 해이의 장이자, 소유욕의 박물관이자, 죄책감을 생산하는 공장이자, 이기심의 양성소"인 핵가족 제도의 억압이 더해졌다. 가족이 사람을 소외시키지 않는 가치("온기와 신뢰, 대화, 경쟁심 없음, 충실함, 자발성, 성적 쾌락, 재미")의 원천이기도 하다는 사실은 핵가족 제도의 억압을 강화할 뿐이었다.

이런 이중의 진단을 내리면서 손택은 당시 사회주의 및 마르크스주의 페미니스트의 레토릭과 신중하게 거리를 뒀다. 인터뷰 내내 정치적 급진주의에 대한 뚜렷한 알레르기 반응과 노동이 자부심과 자기 긍정, 정당한 사회문화적 구별의 원천일 수 있다는 깊은 확신이 드러난다. 그러나 손택은 다른 페미니스트와 마찬가지로 가족의 온전성이 무급 가사 노동으로 여성을 착취하고 이러한 노동을 그저 '경제에서 남을 돕는 보조적 역할'로 평가 절하하는 데서 나온다는 것을 이해했다. 그는 "'세상'으로 나갈 자유를 얻었으나, 아직도 퇴근한 뒤 장보고 요리하고 청소하고 아이를 돌볼 책임이 있다면 그저 노동이 두 배로 늘어난 것일 뿐이다"라고 주장했다. 죽음에서 삶으로 해방되려면 혁명을 통해 자본을 축적하려는 욕망과 노동 분업(남편은 직장에, 여성은 가정에)을 뒷받침하는 권위주의적 윤리 관행을 전복해야 했다.

하지만 이 글들에서 죽음은 더욱 종종 자아감이 서서히 침식되고 삶의 가능성이 고통스럽게 축소되는 모습으로 나타났다. 손택은 「나이 듦에 관한 이중 잣대」에서 그러한 현실을 가혹할 만큼 명료하고 솔직하게 묘사한다. 그는 "나이 듦은 주로 상상 속의 시련(정신적 병폐이자 사회 병리)이며, 본질적 특성상 남성보다 여성이 피해를 훨씬 많이 본다"라고 말했다. 날이 갈수록 가능성의 지평이 줄어든다. 몸에서 쇠퇴의 징후가 나타나기 시작하고, 몸은 젊은 시절에 만들어진 탄탄하고 주름 없는 자아상을 배반하는 가장 친밀한 반역자가 된다. 그러나 손택은 이러한 자아상 자체가 여성을 배반한다고 주장했다. "이 사회가 '여성의 본분'으로 간주하는 아름다움은 다름 아닌 여성이 예속되는 장이다. 여성의 아름다움에는 오직 소녀의 아름다움이라는 한 가지 기준만 허용된다." 여성은 변화를 허용받지 못했고, 사회적 비난을 두려워하지 않고는 사근사근한 순진함과 유순함을 버리고 지혜와 유능함, 강인함, 야망을 추구할 수 없었다. 이 책에 실린 에세이들은 손택에게 여성 억압이 정치적이고 경제적인 문제일 뿐만 아니라 미적이고 서사적인 문제이기도 했음을 명확하게 보여준다.

아름다움은 페미니즘에 문제가 될까? 손택의 에세이와 관련해서 더 적절한 질문은 아마도 이것일 것이다. 아름다움은 여성이 자기 미래를 상상하는 데 문제가 될까? 아름다움의 관습적 이미지와 상투적 줄거리에서 해방된다는 것은 어떤 의미일까? 아름다운 여성은 언제나 아름다운 외모에 관해 글을 쓰는 게 조금은 난처한데, 자신이 판단의 주체이자 대상이 되어야 하기 때문이다. 그러나 자신의 아름다움이 무너지고 퇴색하기 시작했음을 인정하는 것, 자신의 아름다움이 선명한 현존이 아니라 부재로서 자신을 정의한다는 것을 인정하기란, 더더욱은 아니더라도 똑같이 난처한 일이다. 손택이 「나이 듦에 관한 이중 잣대」를 쓴 것은 40세를 목전에 둔 39세 때였다(그가 이 책에서 드러내는 몇 없는 개인 정보 중 하나다). 아름다움에 관한 두 편의 짧은 에세이 「여성의 아름다움: 모욕인가, 권력의 원천인가?」와 「아름다움: 다음엔 무엇으로 바뀔 것인가?」는 40대 초반에 썼다. 손택은 "분명 아름다움은 권력의

한 형태다. 그래야 마땅하다"라고 말했다. 그러나 그 권력은 언제나 남성과의 관계에서만 나타나는, "무언가를 하는 힘이 아니라 누군가를 끌어들이는 힘"이다. 이 힘은 "자신을 부정하는 힘이다. 자유롭게 선택할 수 있는 힘도 아니고 (적어도 여성은 그럴 수 없다) 사회의 비난 없이 포기할 수 있는 힘도 아니기 때문이다".

손택이 여성과 아름다움의 관계를 더욱 새롭고 힘 있게 바꾸려고 노력한 것은, 그가 오래전부터 인물과 예술작품의 평가 기준이 되는 아름다움을 의심한 덕분이기도 했다. 그는 「'캠프'에 관한 단상」에서 이 의심을 처음 공식적으로 드러냈다. 이 에세이에서 그는 아름다움과 대중 문명이 동맹을 맺으면서 취향이 너무나 지루하고 뻔해졌다고 말했다. 이 책은 이러한 동맹이 여성을 특정 자기표현의 기준에 묶어둠으로써 여성 억압을 유지하는 데 일조했다고 설명한다. 이 기준들은 한편으로는 시장의 변덕과 그 미적 가치를 일반화할 수 없을 만큼 너무 유연하고 빠르게 변화했고, 다른 한편으로는 늙고 시끄럽고 추하고 여자답지 못하고 장애가 있는 사람들을 사회적으로 인정할 수 없을 만큼 너무 편협했다. 손택은 만약 아름다움이 "'여성성'이라는 신화를 지탱하기 위해 축소되었다면", 더욱 충격적이고 관대한 아름다움의 정의를 통해 성차별적 고정관념을 과감히 해체해야 한다고 주장했다. 그렇게 되면 아름다움은 더 이상 남성의 승인을 받을 필요가 없고, 여성은 자신을 위해 남성적 아름다움을 전유할 수 있다.

캠프는 이 책에 실린 에세이들을 관통하는 핵심 개념이다.

처음에 손택은 캠프를 비정치적인 개념으로 상상했으나, 이 글들에서 캠프는 여성해방 정치의 특권적 감수성으로 등장한다. 손택이 《샐머건디》와의 인터뷰에서 설명했듯 캠프가 젠더를 "활기차고 강렬하고 저속하게 패러디"함으로써 성별을 거스르는 것을 의미한다면, 손택이 상상하는 의식화 정치에는 엄청나게 캠프적인 면이 있다. 손택은 여성들에게 "게릴라 연극"이나 혁명에 참여한다는 생각으로 가능한 한 과장하고 업신여기며 다음과 같이 행동하라고 촉구했다.

거리에서 남자들을 향해 휘파람을 불고, 미용실을 습격하고, 성차별적인 장난감을 생산하는 장난감 제조업체 앞에서 피켓 시위를 벌이고, 대규모로 전투적 레즈비언주의로 전향하고, 직접 무료 정신과와 임신 중절 병원을 운영하고, 페미니스트 이혼 상담을 제공하고, 화장 중단을 돕는 센터를 세우고, 어머니의 성을 사용하고, 여성을 모욕하는 옥외 광고를 훼손하고, 남성 유명인과 정치인의 말 잘 듣는 아내를 기념하는 노래를 부르며 공개 행사를 방해하고, 이혼 수당과 키득대는 웃음을 포기하겠다는 서약을 모으고, 대량으로 유통되는 "여성 잡지"를 명예훼손으로 고발하고, 여성 환자와 성적인 관계를 맺는 남성 정신과 의사를 전화로 괴롭히는 캠페인을 진행하고, 미남 대회를 열고, 모든 공직에 페미니스트 후보를 내세워야 한다.

  손택은 "여성은 무례하고 시끄럽고 (성차별적 기준에 따르면) '추할' 때 정치적으로 훨씬 유능해질 것"이라고 말했다. "이런 여성들은 조롱의 대상이 될 것이고, 이런 조롱을 그저 태연히 참기만 해서는 안 된다. 실제로 여성은 이런 조롱을 환영해야 한다." 이렇게 조롱을 환영하면 남성의 성차별적 비난을 무력화할 수 있었다. 한편 이러한 태도는 성별에 따른 관념적 남녀 구분을 근절하는 첫걸음이기도 했고, 손택에게는 이것이야말로 페미니즘 혁명의 최종 목적이었다. "여성이 주관적으로나 객관적으로 남성과 진짜 동등한 사회는 양성적인 사회일 수밖에 없다." 손택은 누가 여성이고 여성이 아닌지, 무엇이 아름답고 아름답지 않은지를 적극적으로 규제하는 분리주의를 중시하지 않았다. 그가 중시한 것은 젠더와 섹슈얼리티의 노골적인 해체, 다양한 형태로 존재할 수 있는 개인의 권리, 분열된 자아로 살 수 있는 자신의 권리였다. 손택은 남성과 여성이 미학적·정치적으로 통합되어 결국 정체성의 두 범주가 소멸되는 사회를 상상했다. 그때가 되면 여성이 그들만의 사적인 문화를 조성할 필요도 없고 자기만의 방을 찾을 필요도 없다. 손택은 "오히려 그런 것들을 없애야 한다"라고 결론 내린다.

나는 이 책 마지막에 수록된 인터뷰가 손택 전작의 숨은 보물이라고 생각한다. 다양한 자아에 대한 손택의 신념을 반영하는 다양한 스타일과 사상이 인터뷰에서 가장 잘 드러나기 때문이다. 손택은 일기에 "지식인이 된다는 것은 다양성의 본질적 가치와 비판적 공간(사회 내부의 비판적 반대를 위한 공간)을 누릴 권리를 중시하는 것"이라고 썼다. 인터뷰에서 우리는 여전히 엄밀하면서도 더 대담하고 자유롭고 치열하게 자기 신념을 표명하는 목소리를 들을 수 있다. 이전 에세이들에서 드러나는 열렬한 투지를 다시 한번 발견할 수 있다. 기꺼이 반응하고 도전하고 수정하고 사색하려는 의지, 쉬운 해답이나 불쾌한 관습적 사고를 거부하는 자세를 발견할 수 있다. 끝없는 사색을 추동하는 굶주림을, 점점 더 멀어지는 시간의 거리를 뛰어넘어 자신과 함께 절대 사색을 멈추지 말라는 손택의 강력한 요구를 느낄 수 있다.

머브 앰리

튀르키예에서 태어난 미국인 작가이자 학자, 문학비평가. 옥스퍼드대학교 미국문학 부교수이며, 웨슬리언대학교에서 창의적 글쓰기와 비평을 가르친다. 《로스앤젤레스 리뷰 오브 북스》의 수석 편집자이며, 《뉴욕 타임스》, 《뉴요커》, 《애틀랜틱》 등에 에세이와 칼럼을 쓴다. 저서로 『Paraliterary』(2017), 『The Personality Brokers』(2018)가 있다.

옮긴이의 말

『여자에 관하여』는 수전 손택의 아들 데이비드 리프가 손택의 에세이와 인터뷰를 시간순으로 엮어 만든 책으로, 첫 번째 에세이 「나이 듦에 관한 이중 잣대」는 손택이 30대 후반이었던 1972년에, 마지막에 실린 「《샐머건디》와의 인터뷰」는 40대 초반이었던 1975년에 쓰였다. 「매혹적인 파시즘」 외에는 전부 국내 초역인 글들로 구성된 이 책은 '여성작가'가 아닌 '작가'로 불리고 싶었으나, 평생 '뉴욕 지성계의 여왕', '대중문화의 퍼스트레이디'라는 별명이 따라다닌 손택의 페미니즘적 관점을 엿볼 수 있다는 점에서 매우 귀중하다.

    손택의 문장은 역시 군더더기 없이 예리하며 날카롭다. 여러 책을 번역하다 보면 분명 평이한 단어뿐인데 전개가 너무 뭉툭

해서 도대체 어떠한 논리로 문장들이 이어지는 것인지 이해할 수 없을 때가 있는데, 손택의 글은 개념이 복잡해서 이해에 수고가 따를지언정, 마땅히 있어야 하는 단어와 문장이 마땅히 있어야 할 곳에 있다는 느낌을 준다. 또한 손택은 에이드리언 리치에게 보내는 글에서 "나는 신중하게 여러 가지를 구분했고, 내 에세이의 장점이 있다면 그 장점은 아마 그러한 구분에 있을 것"이라고 말했는데, 나 역시 이 말에 동의한다. 기존 관습에 조금도 구애받지 않는 독창적 시선으로 자신의 관심사를 촘촘하게 분석하고, 그 결과물을 지극히 명료한 문장으로 옮기는 것. 손택의 글이 지닌 힘은 여기에서 나오는 것이 아닐까 싶다.

　　어떤 독자들은 이 책에 다섯 번째로 실린 「매혹적인 파시즘」을 읽으며 다른 글들과는 결이 달라 당황했을지 모른다. 그러나 파시즘 미학을 다룬 「매혹적인 파시즘」은 이 책에 반드시 실려야만 하는 글이었는데, 1970년대의 페미니즘 지형을 엿볼 수 있는 에이드리언 리치와의 논쟁을 이해하기 위해 필요할 뿐만 아니라, 페미니즘을 대하는 손택의 태도가 간접적이지만 뚜렷하게 나타나 있기 때문이다. 촌철살인 비판으로 가득한 앞의 글들에 이어 뒷부분에 실린 「매혹적인 파시즘」과 에이드리언 리치와 주고받은 서신, 이어지는 인터뷰를 읽다 보면 이 책이 단순한 페미니즘 에세이 모음집이 아님을 알 수 있다. 『여자에 관하여』는 수전 손택과 페미니즘의 관계가 과연 어떠했는가를 다각도로 보여주며, '수전 손택'의 시선 탐구에 방점을 찍고 있다.

솔직히 말하면 나는 이 인물 탐구에서 퍽 복잡한 심경을 느꼈다. 손택은 메스처럼 날카로운 언어로 이 사회의 여성 억압을 짚어냈고, '여성'을 비롯한 그 어떤 틀에도 자신을 가두지 않으려는 단호한 의지를 드러냈다. 지적 자유를 지키기 위해서라면 다수의 페미니스트를 적으로 돌릴 수 있는 행위도 서슴지 않았고, "비판적이고 단순화를 거부하는" 지성을 향한 사랑으로 완전무장한 채 에이드리언 리치의 문제 제기를 도저히 납득하지 않을 수 없는 논리로 받아쳤다. 한편으로 그는 여성을 한 덩어리로 묶으면서 주저하는 일말의 제스처도 드러내지 않았고, '여성적' 자질을 "그저 애 같고 미성숙하고 나약한" 것으로 묘사했으며, 그러한 여성들이 도저히 이해되지 않는다는 마음을 숨기지 못했다.

수전 손택의 "노선"을 파악하고 싶은 욕심에 그의 사생활이 담긴 이런저런 책을 기웃대봤지만, 손택의 말처럼 역시나 "현실은 그렇게 단순하지 않았"다. 그는 독립적인 인간이고자 했으나 의존적이기도 했고 여성을 사랑하면서 동시에 미워했다(어떻게 그렇지 않을 수 있겠는가?). 이 시간들을 통해 내가 얻은 것은 수전 손택이 어떤 인물이었다는 판단이 아니라, 그간 내가 마땅히 더 묻고 고민했어야 하는 질문들이었다. '성공한' 여성은 페미니즘에 어떤 책임이 있는가? 여성 지식인은 꼭 여성의 목소리로 발언해야 하는가? 페미니스트는 모두 자매애로 하나 되어야 하는가? (당연히) 그럴 수 없다면, 서로의 차이를 어떻게 수용하고 대화할 수 있는가? 페미니스트 연대는 어떤 모습이어야 하는가?

수전 손택은 "'해방된' 여성의 첫 번째 책임"이 "최선을 다해 가장 충실하고 자유롭고 창의적인 삶을 살아가는 것"이며, "두 번째 책임은 다른 여성들과 연대하는 것"이라고 말했다. 첫 번째 책임은 충실히 다한 것으로 보이고, 두 번째 책임은 다소 논쟁이 있는 듯하다. 그래서일까, 그는 페미니스트들에게 가장 평가가 엇갈리는 인물이자, 페미니즘 역사의 중요한 인물로 손꼽히기도 한다. 분명한 사실은 그가 세상을 떠난 지 20년이 지난 후에도 계속해서 독자를 사로잡는 더없이 매혹적인 지식인이라는 것, 그리고 그 매력에 빠져들어 이 책을 읽다 보면 반드시 대화가 시작되리라는 것이다. 치열한 대화로 서로를 만나고 싶은 자매들, 그리고 어딘가에 있을 남성 동지들이여, 함께 이 책을 읽자.

수록작품 발표지면

「나이 듦에 관한 이중 잣대The Double Standard of Aging」는 《새터데이 리뷰The Saturday Review》 1972년 9월 23일 자에 처음 발표된 뒤 『수전 손택: 1960-70년대 에세이Susan Sontag: Essays of the 1960s & 70s』(Library of America, 2013)에 수록됐다.

「여성이라는 제3세계The Third World of Women」는 《파르티잔 리뷰Partisan Review》 40권, 2호(1973년 봄)에 처음 발표된 뒤 『수전 손택: 1960-70년대 에세이』에 수록됐다.

「여성의 아름다움: 모욕인가, 권력의 원천인가?A Woman's Beauty: Put-Down or Power Source?」와 「아름다움: 다음엔 어떻게 바뀔 것인가?Beauty: How Will It Change Next?」는 《보그》 1975년 4월 호와 5월 호에 각각 처음 발표된 뒤 『수전 손택: 1960-70년대 에세이』에 수록됐다.

「매혹적인 파시즘Fascinating Fascism」은 《뉴욕 리뷰 오브 북스The New York Review of Books》 1975년 2월 6일 자에 처음 발표된 뒤 『수전 손택 선집A Susan Sontag Reader』(Farrar, Straus and Giroux, 1982)에 수록됐다. 「페미니즘과 파시즘: 에이드리언 리치와 수전 손택의 논쟁Feminism and Fascism: An Exchange Between Adrienne Rich and Susan Sontag」은 「매혹적인 파시즘」의 후속으로 쓰였으며, 《뉴욕 리뷰 오브 북스》 1975년 3월 20일 자에 처음 발표됐다.

「《샐머건디》와의 인터뷰The Salmagundi Interview」는 계간지 《샐머건디》 31-32호(1975년 가을-1976년 겨울)에 처음 발표되었다. 1975년 4월 《샐머건디》의 편집자인 로버트 보야르스Robert Boyars와 맥신 번스타인Maxine Bernstein이 진행한 인터뷰를 약간 줄인 버전이며, 이후 『수전 손택 선집』에 수록됐다.

수전 손택 Susan Sontag

에세이스트, 소설가, 예술평론가, 연극 연출가, 영화감독. 20세기 가장 강력하고 독보적인 지성의 목소리. 1933년 뉴욕 유대계 집안에서 태어난 손택은 이미 세 살 무렵 글 읽는 법을 배웠고, 다섯 살에 마담 퀴리의 자서전을 읽고 생화학자가 되어 노벨상을 받기를 꿈꿨을 만큼 비범한 아이였다. 1949년 열여섯 살에 시카고대학교에 입학해 철학과 고대사, 문학을 공부했고, 열일곱 살에 결혼해 열아홉 살에 아들 데이비드 리프를 출산한다. 하버드대학교에서 철학 석사 학위를 받은 뒤 옥스퍼드대학교와 소르본대학교 등지에서도 수학했다. 1958년 이혼 후 아들과 함께 뉴욕으로 이주해 뉴욕대학교 등에서 강의를 하며 본격적으로 글을 쓰는 생활을 시작한다.

1963년 첫 소설 『은인』을 출간했고, 이듬해 《파르티잔 리뷰》에 「'캠프'에 관한 단상」을 발표하며 문단의 주목을 받는다. 1966년 "해석은 지식인이 예술작품에 가하는 복수다"라는 선언으로 유명한 초기 대표작 『해석에 반하여』를 통해 고급문화와 대중문화를 나누는 낡은 구분을 허물고, 새로운 사유와 감수성의 시대를 열었다. 이 책은 단숨에 현대 비평의 고전으로 자리 잡았다. 이후 『사진에 관하여』, 『은유로서의 질병』, 『타인의 고통』 등 현대 사회를 사유하는 탁월한 에세이들을 발표하며 세계적인 명성을 쌓았다.

"작가란 세계에 관심을 기울이는 사람"이라고 말한 손택은 20년 넘게 인권운동가로도 활동했다. 미국 펜 클럽 위원장을 맡았던 1987년부터 1989년에는 탄압받는 작가들을 위한 여러 구명운동을 벌였으며, 한국을 방문해 구속 문인의 석방을 촉구하기도 했다. 1993년에는 전쟁 중인 사라예보에서 연극 「고도를 기다리며」를 연출하며 세계의 관심을 촉구했고, 2003년 미국의 이라크 침공을 공개적으로 비판하는 등 행동하는 지식인으로서의 목소리를 끝까지 놓지 않았다.

네 편의 장편소설과 한 권의 단편집, 아홉 권의 에세이집을 남겼으며, 여러 편의 연극을 연출했고 네 편의 영화를 감독했다. 그의 책은 32개 언어로 번역되었다. 2001년 전작에 대한 공로로 예루살렘상을 수상했고, 2003년에는 아스투리아스 왕세자 문학상과 독일출판협회 평화상을 받았다. 2004년 12월 뉴욕에서 타계했다.

옮긴이

김하현

서강대학교 신문방송학과를 졸업하고 출판사에서 편집자로 일한 뒤 현재 전문 번역가로 활동하고 있다. 옮긴 책으로 『도둑맞은 집중력』, 『소크라테스 익스프레스』, 『아무것도 하지 않는 법』, 『식사에 대한 생각』, 『디컨슈머』, 『한 번 더 피아노 앞으로』, 『지구를 구할 여자들』, 『결혼 시장』, 『팩트의 감각』, 『미루기의 천재들』, 『분노와 애정』, 『한낮의 어둠』, 『비바레리농 고원』 등이 있다.

수전 손택 더 텍스트
여자에 관하여

펴낸날 초판 1쇄 2025년 7월 31일
    초판 4쇄 2025년 9월 30일
지은이 수전 손택
옮긴이 김하현
펴낸이 이주애, 홍영완
편집장 최혜리
편집2팀 홍은비, 송현근
편집 박효주, 강민우, 안형욱, 김혜원, 이소연, 최서영
윌북주니어 도건홍, 한수정, 이은일
디자인 기조숙, 김주연, 윤소정, 박정원, 박소현
홍보마케팅 김태윤, 백지혜, 김준영, 박영채
콘텐츠 양혜영, 이태은, 조유진
해외기획 정수림
펴낸곳 (주)윌북 **출판등록** 제2006-000017호
주소 서울특별시 마포구 동교로19길 28(서교동 448-9)
홈페이지 willbookspub.com **전화** 02-323-3777 **팩스** 02-323-3778
블로그 blog.naver.com/willbooks **트위터** @onwillbooks **인스타그램** @willbooks_pub
ISBN 979-11-5581-842-8 (03840)

- 책값은 뒤표지에 있습니다.
- 잘못 만들어진 책은 구입하신 서점에서 바꿔드립니다.
- 이 책의 내용은 저작권자의 허락 없이 AI 트레이닝에 사용할 수 없습니다.